LA VIDA CON EL MÁS ALLÁ

AMY BRUNI

LA VIDA CON EL MÁS ALLÁ

HISTORIAS ASOMBROSAS Y CONMOVEDORAS SOBRE LO QUE NOS CONECTA COMO PERSONAS, AQUÍ Y DESPUÉS DE LA MUERTE

DIANA

Título Original: *LIFE WITH THE AFTERLIFE: 13 Truths I Learned about Ghosts*

Traducción: Matilde Schoenfeld Liberman
Formación: Mónica Alejandra Díaz Robles
Diseño de portada: Planeta Arte & Diseño / Lisset Chavarria Jurado
Fotografía de portada: © iStock
Fotografía de la autora: © Danielle Lefebvre

Bajo el sello editorial PLANETA M.R.
Avenida Presidente Masarik núm. 111,
Piso 2, Polanco V Sección, Miguel Hidalgo
C.P. 11560, Ciudad de México
www.planetadelibros.com.mx

Primera edición en formato epub: enero de 2024
ISBN: 978-607-39-0881-8

Primera edición impresa en México: enero de 2024
ISBN: 978-607-39-0859-7

Impreso en los talleres de Impregráfica Digital, S.A. de C.V.
Av. Coyoacán 100-D, Valle Norte, Benito Juárez
Ciudad De Mexico, C.P. 03103
Impreso en México - *Printed in Mexico*

Para Charlotte.
Nada me hace más feliz que criarte
en mi mundo mágico de fantasmas. Te amo
y muero de ganas de leer tu libro un día.

Y para mi mamá.
Te extraño constantemente. Puedo decir
con certeza que eres el fantasma al cual más quisiera encontrar.

Índice

Introducción

BIENVENIDO AL LADO EXTRAÑO

Si alguien me hubiera dicho que un día existiría un juego en el que se bebe un trago cada vez que en televisión censuran una grosería mía, yo le habría dicho que estaba totalmente loco. Y, sin embargo, aquí estamos.

Cualquiera podría reconocerme por las series *Kindred Spirits* y *Ghost Hunters*, o bien, por los numerosos, extraños y divertidos eventos paranormales que suceden en Estados Unidos. Pero es muy probable que desconozcan que sé mucho menos sobre la vida en el más allá de lo que sabía cuando empecé a explorar e investigar los fenómenos inexplicables. En aquel entonces comencé con una idea muy distinta a lo que creía y a lo que pensaba que eran los fantasmas y espíritus; y mientras más aprendía, más me daba cuenta de que no tengo la menor idea.

Así que, cuando digo que este libro trata sobre el más allá, lo que en realidad quiero decir es que se trata de encontrar maneras diferentes de aprender sobre los fantasmas y lo paranormal, de abrir la mente a nuevas posibilidades, de poner a prueba las expectativas y de considerar otras perspectivas y nuevas ideas. Asimismo, la naturaleza de la investigación paranormal nos impide obtener respuestas a las preguntas que planteamos. Hasta ahora, no existen pruebas científicas para comprobar que las experiencias que tenemos sobre estos fenómenos paranormales sean reales; no hay conclusiones definitivas que se puedan obtener. Solo hay nuevas experiencias y nuevas formas de pensar.

Las personas que de verdad han realizado este trabajo son las primeras en decir que no pueden afirmar con seguridad qué es lo paranormal y nunca fingirán tener una respuesta sólida. Espero que como lector no hayas llegado a este libro buscando que te explique lo inexplicable. En realidad, este libro es una conversación entre mis ideas y yo, tus ideas y tú, y las perspectivas de muchos otros expertos en el campo, quienes han pasado desarrollando sus propias teorías por muchos años.

Este libro también está en deuda con todos los excepcionales y maravillosos investigadores de lo paranormal con quienes he trabajado a lo largo de mi trayectoria profesional. La cacería de fantasmas no ocurre aislada de todo, sino que trabajo con otras personas a las que les apasiona igual que a mí descubrir los rincones desconocidos de la existencia. Esto me ha permitido crecer como investigadora, así como desarrollar las teorías y las prácticas que me han llevado al lugar en el que hoy me encuentro. Mi esperanza es que leas esto, amplíes los límites de lo que crees posible y logres abrir tu mente la próxima vez que intentes racionalizar algo que desafía una explicación lógica. Y ya sabes, también espero que te asustes un poco en el proceso, porque eso es parte de la diversión.

Agradezco que te unas a mí en este viaje. Ahora, pongámonos extraños.

Capítulo 1

LOS FANTASMAS TAMBIÉN SON PERSONAS

PARA WALT DISNEY toda su historia comenzó con un ratón. Pero para mí, todo empezó con un fantasma.

Cuando era niña, simplemente asumí como parte de mi vida que nuestra casa en Alameda, California, estaba embrujada. Desde el momento en que nos mudamos a nuestro pequeño chalé de estilo *craftsman*, era claro que había fantasmas en la casa, y a mis padres *new age* definitivamente no les atemorizaba la idea. De hecho, siempre nos alentaban a mí, a mi hermano y a mis dos hermanas a no temer a aquello que no podíamos explicar. Así que sentíamos a los espíritus en la casa y hablábamos de ellos. Por un lado, mi mamá, específicamente, hablaba de ver a un niño pequeño corriendo de un cuarto a otro. Por el otro, mi papá se sumergía en la investigación de lo sobrenatural. Nosotros para nada lo sentíamos como algo raro. En mi familia pensábamos: «Algunas veces hay fantasmas» y «Algunas veces están en nuestra casa». Todo eso era totalmente normal para nosotros.

Totalmente normal, ¿verdad?

Tal vez ahora suena extraño, pero esa forma de pensar me abrió la mente a un mundo entero. Me criaron para ser receptiva a la idea de que hay cosas en el universo que no podemos entender con facilidad, y nunca me dijeron que debía tener precaución con ellas. Esto forjó un camino de posibilidades raras y maravillosas para mí, que nunca habría imaginado mientras era una niña despreocupada (en la década de los ochenta), que jugaba afuera todas las noches hasta que oscurecía en el norte de California.

Así que la noche en la que vi a un hombre parado en la ventana, a casi tres metros del piso, en un lugar donde no había manera de pararse, y vestido con una ropa que yo nunca había visto antes, sabía que estaba viendo a un fantasma. Pero no me asusté.

A partir de ese instante sí ha habido muchos momentos en mi carrera profesional como investigadora paranormal en los que he estado asustada. Algunas veces totalmente aterrada. Pero en aquel momento no. En esa ocasión solo vi a un hombre que no era natural que estuviera ahí. Para mí no era un fantasma aterrador. Era una persona.

Así que hice lo que habría hecho cualquier niño normal. Corrí para buscar a mi mamá y llevarla a verlo.

Cuando regresamos, ya no se encontraba. Había sido solamente un destello. Duró solo un instante. Pero yo sabía lo que había visto. El hombre llevaba puesto un uniforme verde y antiguo, y estaba parado en la ventana, a plena vista, aunque esa ventana estaba casi tres metros arriba del suelo.

Alameda, una ciudad de tamaño medio, en el área de la Bahía de San Francisco, tiene una larga historia militar. Incluso ahora, tiempo después de que su base fue cerrada, todavía es hogar del

Naval Air Museum. Después supimos que nuestra casa había sido un alojamiento militar y, además, una familia que vivió ahí tuvo un hijo que murió en la Segunda Guerra Mundial. La casa antes tenía una amplia terraza donde yo lo vi parado, lo que explica por qué él era visible en una ventana tan alta respecto del piso. Cuando él vivía ahí, debió estar parado en esa terraza.

Un hombre que realmente no estaba ahí, parado en un lugar que ya no estaba ahí.

Así que ahora podrías pensar que mi vida entera ha sido un camino que me llevó a la cacería profesional de fantasmas.

Después de ese día, mi necesidad por el conocimiento de lo anormal fue insaciable: quería saber sobre el más allá, quién podría haber sido ese fantasma, cualquier cuestión relacionada con lo sobrenatural y todo lo que no fuera fácil de explicar. Cuando íbamos a la biblioteca, mi mamá, Debbie, me dejaba ahí y yo iba directamente a la sección de fantasmas. Leía todo lo que podía encontrar de Hans Holzer, el famoso investigador de lo paranormal que estudiaba la casa de *Terror en Amityville*. Examiné y volví a revisar fotos viejas de médiums en situaciones ridículas, como en las que les salía ectoplasma de los oídos. En la década de los ochenta había un enorme interés por lo inexplicable y se publicaban nuevos libros más rápido de lo que yo podía leerlos (el mismo Holzer escribió más de 120). Devoré tantos como podía y acepté todo como un hecho. Con el tiempo he logrado tener mejor entendimiento sobre cómo determinar qué es creíble en cuanto a evidencia se refiere. En aquel entonces nunca se me ocurrió que alguna parte fuera falsa, y yo amaba cada palabra de lo que leía.

Mientras tanto en mi casa seguían ocurriendo cosas espeluznantes. El fantasma de un niño pequeño aparecía cada vez más. Una vez nuestros vecinos vinieron a casa a cenar. Tenían un hijo joven, más o menos de mi edad, quien se había quedado dormido en el sillón en algún momento de la noche. Su mamá miraba insistentemente hacia el baño.

—¿Dónde está Alex? —preguntó—. Lo vi entrar y pensé que ya debía haber salido.

—Alex está dormido en el sillón, cariño —le respondió su esposo.

Su cara de pronto estaba blanca. Estaba segura de que había visto a su hijo levantarse y caminar de un lado al otro del comedor. Completamente segura. Pero no era su hijo al que había visto. Era el niño que murió por leucemia muchos años atrás. En otra cena con la misma pareja, mi papá, Gene, les habló sobre el fantasma y cómo había aparecido en diferentes ocasiones en la casa. Se mostraron escépticos; decían que no creían en fantasmas ni en lo sobrenatural, y que nada de eso era posible. Dijeron esto a pesar de que todos sabíamos que habían presenciado la misma actividad paranormal que nosotros. Y entonces un cuadro se desprendió de la pared, sobrevoló en el aire durante uno o dos segundos y después cayó al piso.

Se fueron y nunca regresaron. La mujer a veces venía a nuestro jardín, pero ni ella ni su esposo volvieron a poner un pie en nuestra casa.

Ahora sé que, en muchas ocasiones, la actividad paranormal aumenta drásticamente una vez que la gente empieza a reconocer la presencia de fantasmas, en especial en casas con muchos niños, así como la nuestra. Saben que podemos verlos o escucharlos, y quieren establecer contacto, entonces se esfuerzan más e intentan llamar nuestra atención. En aquella época yo no tenía idea de que podríamos hablarles o preguntarles qué querían decirnos. Simplemente nos preguntábamos qué pasaría después.

Cuando yo tenía 8 años de edad, aproximadamente, tomé una foto de mi hermana parada en la entrada de nuestra casa.

Pensé que era la única persona a la que fotografiaba. Pero cuando revelaron el rollo, todos vimos la imagen de una mujer mayor parada detrás de ella. Mi mamá la llevó con nuestra vecina fotógrafa para preguntarle si era una doble exposición o algo similar. La vecina respondió que se parecía a la anciana que vivió en la casa antes que nosotros. Era evidente que cuando su esposo se iba, ella se paraba en ese lugar para esperar a que él regresara a casa.

¿Era la foto de un espíritu? No lo puedo asegurar. En definitiva a mí me lo parecía, pero, si lo era o no, encendió algo en mi mente. Me di cuenta de que *si en verdad había personas que buscan fantasmas, yo también podría buscarlos.*

No lo pensé de esa forma en ese momento, pero conocer las historias de las personas que vivieron en nuestra casa antes que nosotros, y que permanecieron ahí después de haber muerto, formó en mí una perspectiva distinta sobre la cacería de fantasmas. Como muchas personas, empecé a investigar lo paranormal como un pasatiempo. Con el tiempo, todas esas horas en la biblioteca devorando libros se convirtieron en un deseo de encontrar más fantasmas en la vida real. Pero para mí siempre era importante tener una base de conocimiento: a quién podría encontrar, por qué esa alma estaba todavía ahí, qué necesitaba escuchar o qué experiencia requería este espíritu para sentir que podía avanzar.

Mi papá vio una oportunidad tanto para pasar tiempo de calidad juntos como para tener momentos de aprendizaje, y empezó a llevarme con él, en investigaciones paranormales, a lugares supuestamente embrujados. Fuimos a lugares como Fort Ross, un asentamiento ruso de principios de 1800, donde están las tumbas más antiguas conocidas del condado de Sonoma. Cuando yo estaba en preparatoria, él aumentaba mi interés sobre los sitios históricos de California diciéndome que había fantasmas ahí. Íbamos a visitarlos y cargábamos una vieja grabadora, una cámara Polaroid y un cuaderno lleno de notas de investigación —que poco tenía que ver con el equipo de cacería de fantasmas que utilizamos ahora en el programa— y solo nos sentábamos ahí, haciendo preguntas, utilizando lo que sabíamos sobre el lugar para informar nuestras sesiones de fenómenos de voz electrónica (EVP, por sus siglas en inglés, *electronic voice phenomena*, que es aquello que registra una grabadora que no podemos escuchar solo con nuestros oídos. Hablaremos mucho más de esto después).

Había pasado tanto tiempo aprendiendo sobre lo paranormal que moría de ganas de ponerlo todo en práctica. De pronto, ya estaba haciéndolo yo misma: utilizaba todas las herramientas que había escuchado sobre investigación e indagación para intentar establecer contacto con el otro lado. Pero lo que quería no era estar asustada —o por lo menos no era solo querer asustarme—. Lo que realmente buscaba era aprender quiénes eran estos fantasmas y por qué todavía estaban aquí ahora. Intentaba deducir por qué hacían contacto con los vivos. Para mi papá se trataba de pasar tiempo juntos y al mismo tiempo de enseñarme sobre historia. Eso fue increíblemente eficaz y muy interesante. Ese tiempo que disfrutamos juntos es uno de mis mejores recuerdos de infancia. Utilizar las historias sobre fantasmas para enseñar a los niños sobre el pasado es algo que todo el tiempo les propongo a los demás padres de familia, y que definitivamente planeo poner en práctica si mi hija Charlotte al crecer tiene interés en estos temas.

Con el tiempo empecé a hacer investigaciones de aficionada en sitios embrujados. Pedí vacaciones para visitar lugares como el Hotel Stanley, en Colorado, de la película *El resplandor*, y el *Queen Mary*, un famoso crucero embrujado que ahora es un hotel anclado de manera permanente en Los Ángeles. Era definitivamente muy emocionante poner en práctica todos mis conocimientos y, al principio, en verdad me asustaba y sentía el torrente de adrenalina cuando tenía roces con lo inexplicable.

Por medio de esas investigaciones, al encontrar a la gente que estaba detrás del terror, con el tiempo me di cuenta de algo muy simple, pero que muchas veces los entusiastas de lo paranormal pasan por alto: *los fantasmas también son personas*. Así como la cacería de fantasmas se trata de la emoción por hacer contacto con ellos, también se trata de otra cosa. Estás hablando con una persona que está en el otro lado. Una persona que alguna vez estuvo viva, y que está en una posición en la que, definitivamente, tú mismo podrías acabar algún día.

De hecho, no permanecen aquí por el maldito deseo de hacerlo —está bien, tal vez esa es una mala elección de palabras—; pero, en definitiva, no se quedan por pura diversión. (¿O en serio te suena divertido mantener embrujados los mismos tres cuartos durante doscientos años?). Mi teoría, como la de muchas personas, es que por lo general están aquí todavía porque tienen algún asunto pendiente en este plano. Algunas veces es porque tienen cosas que quieren comunicar. Otras, no saben siquiera que ya se murieron y que es hora de irse.

Esos espíritus que no descansan quieren ser escuchados. *Necesitan* que los oigan. Y aquellos que tienen la suficiente fortuna como para lograr hablar con ellos tienen la responsabilidad de escuchar, realmente escuchar y no solo tratarlos como a un simple entretenimiento nocturno. Hubo tantas veces en *Ghost Hunters* en las que mi compañero investigador Adam Berry y yo encontramos fantasmas que de verdad estaban necesitados de ayuda —pero por las limitaciones de la filmación y el formato del programa teníamos que irnos antes de poder hacer gran cosa para auxiliarlos—. Ese programa estaba diseñado para ayudar a la gente a determinar si había fantasmas en sus casas y negocios, y no para ayudar a los muertos con aquello que los mantenía en este plano. Mientras más pasaba esto, más culpables nos sentíamos.

En una ocasión grabamos un episodio de *Ghost Hunters* en el Sanatorio Waverly Hills, en Kentucky. Era un hospital enorme que alguna vez llegó a albergar hasta cuatrocientos pacientes al mismo tiempo, en el punto más álgido de la epidemia de tuberculosis, a inicios del siglo XX. Después de que el sanatorio cerró, Waverly Hills se convirtió en un asilo de cuidado a largo plazo para ancianos y enfermos mentales. Al final fue clausurado por quejas de abandono de los pacientes. La dueña actual, Tina Mattingly, quien compró el edificio mucho tiempo después, sostiene que han muerto ahí entre 20 000 y 62 000 personas en los 120 años que Waverly Hills ha existido.

Durante la filmación, Adam y yo estábamos en el pabellón de enfermeras, que nunca antes había sido investigado de manera profesional. No sabíamos si éramos las primeras personas que entrábamos a esa área en décadas. Al final de la noche, tal vez a las 2 a. m., empezamos a comunicarnos con algunos fantasmas, que pensábamos que eran enfermeras, a partir de una serie de golpes. Aclaramos las opciones de comunicación: un golpe significaba sí, y dos significaban no. Contestaron de manera constante: respondían todas las preguntas y sus respuestas eran claras y consistentes.

En cierto punto les preguntamos:

—¿Cuántos de ustedes están aquí? Den un golpe en el lugar donde se encuentren, en esta habitación.

Escuchamos golpes por todos lados a nuestro alrededor. Fueron 17, como si hubiera 17 personas distintas intentando comunicarse con nosotros.

Les preguntamos:

—¿Quieren que hagamos una oración?

Un golpe. Entonces oramos por ellos. Yo no me llamaría a mí misma una persona muy religiosa, pero si alguien me pide orar por ellos, lo voy a hacer. Yo creo que orar se trata de energía e intención. Conforme rezábamos, todo estaba en completo silencio a nuestro alrededor. No se oía ni un golpe. Pero tan pronto como dijimos «amén», los golpes volvieron a empezar. Era casi como si estuvieran tratando de agradecernos.

Los golpes continuaron oyéndose. Parecía que las enfermeras tenían tantas ganas de hablar, de que hubiera alguien que reconociera que realmente estaban ahí. Al final tuvimos que irnos esa misma noche, porque el equipo de cámara tiene un límite en cuanto a la cantidad de tiempo que puede trabajar en un día. Nos sentimos muy mal cuando les dijimos que nos teníamos que ir. Era claro que no querían que nos fuéramos. Cuando caminábamos por el pasillo, golpeaban las paredes a nuestro alrededor, nos siguieron hasta que salimos del edificio.

Yo lloraba mientras salíamos. Me rompía el corazón hacer contacto con fantasmas que querían comunicarse con nosotros de forma tan desesperada. Yo deseaba tanto escucharlos e intentar ayudarlos. Al regresar a mi cuarto de hotel, cuando empezaba a salir el sol, escuché un último golpe en la pared, arriba de mi cama.

Adam y yo teníamos muchas experiencias de ese tipo, en las que veíamos una petición real de ayuda. Había espíritus que querían comunicar mensajes a los vivos, o que necesitaban arreglar un problema que los ataba a un sitio en particular y, sin embargo, no podíamos resolver cosas por ellos. Muchas veces escuchábamos que algo decía «Ayúdame», pero teníamos que irnos del lugar por la clase de programa que estábamos presentando y por las limitaciones de ese formato. En ese tiempo, el deseo común era más sobre intentar encontrar evidencia de que los fantasmas existían, y no tanto sobre quiénes eran aquellos seres y qué decían. Así era la curiosidad del público cuando inició *Ghost Hunters*: la gente quería saber qué era lo que encontrábamos y si era real. Así que, en el análisis, al final de un episodio, presentábamos estos claros fenómenos de voz electrónica de gente llorando o pidiendo ayuda, pero luego nadie intentaba descubrir por qué reclamaban ayuda.

Así es como se materializó la idea para hacer la serie *Kindred Spirits*. Al encontrar espíritus necesitados y luego tener que dejarlos solos de nuevo, aun sabiendo que había más trabajo por hacer, simplemente sentía que había algo que *faltaba* en la conversación sobre fantasmas. Finalmente, Adam y yo decidimos que necesitábamos dejar *Ghost Hunters* y encontrar una forma de crear un puente entre los vivos y los muertos y así atender las necesidades de ambas partes como gente real. Queríamos enfocarnos en lo que podíamos hacer para ayudarlos a todos, al mismo tiempo, y no simplemente encontrar evidencia e irnos. Para mí, los fantasmas no son solo una diversión. Son gente que tiene necesidades, de la misma manera como nosotros las tenemos.

Ahora, por medio de *Kindred Spirits*, viajamos por todo el país buscando gente que realmente necesite nuestra ayuda. Por ejemplo, fuimos a la casa de una mujer que no utilizaba un piso completo de su casa porque creía que estaba habitado por su hermano, quien había sido asesinado por su otro hermano. También estuvimos investigando para ayudar a una madre y su hijo, quienes estaban aterrorizados y no utilizaban su vivienda porque el hijo veía de manera constante a un «hombre sombra». Hemos ido al espeso bosque para intentar descubrir quién rompía cosas y arañaba a la gente en una cabaña familiar.

Para ayudarnos a llegar al fondo de lo que en realidad ocurre, muchas veces invitamos a historiadores locales u otros investigadores paranormales. Chip Coffey es psíquico; hace un tiempo tuvo su propio programa: *Psychic Kids*, y se ha unido a nosotros en muchos casos de *Kindred Spirits* para intentar obtener lecturas de espíritus en los sitios en los que estamos investigando.

—Es casi como trabajo social para los vivos y los muertos —dijo Chip—. Es atender las necesidades de ambos. Cuando entramos, intentamos determinar ¿qué están experimentando los vivos aquí? ¿Y qué están sintiendo los muertos?

¿Ayudamos de verdad? Me encantaría pensar que sí. Escarbamos a fondo en la historia del área, en especial la historia de la casa, para intentar descubrir qué podría estar causando la actividad. Hablamos con familiares de los inquilinos anteriores y con miembros de la familia que percibe la actividad. Hemos encontrado tumbas ocultas en patios traseros y pozos en los sótanos de casas con más de trescientos años de antigüedad. ¿Aterrador? Absolutamente. Pero en todas estas ocasiones, incluso si un espíritu dice con claridad que quiere que lo dejemos en paz, siento que hice algo para ayudar a alguien, sin importar si esa persona esté viva o muerta.

—Muchas veces creo que solo se sienten listos para que se cuente su historia completa, o están buscando a alguien que en realidad los escuche o les dé un poco de atención, o necesitan a alguien que descubra su historia real —explicó Chip—. Es como si les estuviéramos preguntando qué podemos hacer para mejorar su existencia.

»Tratamos de proporcionar algún entendimiento y ojalá también un tipo de consuelo a esta gente que todavía vive en el sitio, y atender las necesidades de los muertos —continuó Chip—. Cuando se intenta hablar sobre espíritus, creo que la palabra que buscamos es *reconocimiento*. Tal vez están dándonos información que nunca antes nadie les ha reconocido, o un mensaje que no han sido capaces de hacer llegar a alguien más.

Si hay alguna cosa que yo espero que te lleves contigo al leer este libro, es que sepas que la mayoría de los fantasmas no es aterradora. Tampoco es una atracción novedosa. Al final, todos vamos a terminar de la misma manera y es probable que algunos nos quedemos aquí rezagados para concluir lo que no pudimos realizar en vida. A pesar de eso, la mayoría de las personas vivas ve a los fantasmas como algo que asusta. Mi opinión sería que una vez que sabemos más sobre el mundo de los espíritus y la gente que lo habita, empezamos a humanizar a los fantasmas y nos vamos quitando el miedo que les tenemos. Eso es exactamente lo que me pasó a mí, y me enseñó a manejar lo paranormal con más respeto. Esa idea también me llevó por el sendero profesional menos convencional en el que pude pensar y, asimismo, me ha llevado a algunas situaciones que me han puesto los pelos de punta. He estado en todos lados: desde sanatorios abandonados hasta prisiones embrujadas, incluso pasé por hospitales psiquiátricos, ya cerrados, en donde los espíritus literalmente brotan de las paredes.

Así que, por ahora, es momento de hablar sobre algunas buenas y locas historias de fantasmas.

La bebé Amy y los fantasmas bebés

Cuando era muy pequeña, tal vez tenía 3 o 4 años, vivía con mi familia en un edificio de departamentos. Ninguno de mis hermanos había nacido todavía, así que éramos solo mi mamá, mi papá y yo.

Un día yo estaba jugando en la sala y algo llamó mi atención en mi cuarto. Era una sombra que se asomaba hacia afuera desde el clóset. Era una visión con una figura muy definida, tal vez del tamaño de un niño como yo, que definitivamente quería jugar.

Asomaba la cabeza desde el clóset y luego se metía de nuevo, velozmente, una y otra vez, como si estuviera jugando. Al final me ganó la curiosidad y decidí ir a investigar. (Te impresiona, lo sé).

Cuando caminé hacia allá, ya había desaparecido.

Recuerdo que no tuve miedo, pero me intrigaba que algo que había estado ahí apenas hace unos momentos se hubiera ido.

Después le pregunté a mi mamá sobre eso. Pareció impresionada un instante, y luego se puso a explicarme lo sucedido. Es exactamente lo mismo que yo haría si Charlotte viera un fantasma y me cuestionara. ¿Será algo genético?

Capítulo 2
LOS FANTASMAS NO INTENTAN ASUSTARNOS

SUENA A QUE ES UNA LOCURA, ¿verdad? Entrar a un lugar del que sospechas que está embrujado —si no tienes gran experiencia con eso— es una de las cosas más aterradoras que puedes hacer. Caray, algunas veces todavía me asusto y eso que he hecho miles de investigaciones hasta ahora. Pero es verdad. Así que puedes tener miedo de lo que ves y de la experiencia que tienes (o incluso de lo que sientes) en un lugar, pero en la mayoría de estas ocasiones los fantasmas no están intentando asustarte. En realidad, solo es gente que se está tratando de comunicar de la mejor manera que sabe, utilizando los limitados recursos que tiene.

A lo largo de los años he visto tantos espíritus que parecen aterradores, pero que nada más intentan hacer llegar su mensaje de la mejor manera posible. En la primera temporada de *Kindred Spirits* visitamos una casa en Connecticut que tenía signos reales de una presencia amenazadora. Los dueños de la casa veían figuras inquietantes y sombras, escuchaban sonidos que parecían pisadas en el desván y observaban cómo algunos objetos salían volando de un cuarto a otro, sin explicación. Además, sentían como si su hijo de 5 años fuera el blanco. Acababan de comprar la casa y estaban aterrorizados de aquello en lo que podrían haberse metido.

Cuando Adam y yo fuimos a investigar no lográbamos obtener mucho material en las sesiones de fenómenos de voz electrónica, así que empezamos a revisar una lista con los nombres de los propietarios anteriores de la casa, y les preguntamos si estábamos hablando con alguno de ellos. Lo único que obtuvimos fue una palabra: «Ko-tek». Resultó ser uno de los primeros dueños de la casa, que emigró de Polonia y llegó a Estados Unidos por la isla Ellis, pero que nunca aprendió a hablar inglés. Cuando llevamos a un traductor finalmente pudimos sostener una conversación con el señor Kotek. Como no hablaba la misma lengua que los dueños actuales, no entendía que el desorden y la desorganización en la casa eran por las renovaciones de los nuevos dueños. Una vez que se dio cuenta de lo que pasaba en la que él consideraba su casa, y en el momento en el que le explicaron en un lenguaje entendible para él, el espíritu del señor Kotek dejó de parecer hosco y malo. Los nuevos dueños estaban cuidando su casa de la misma manera en la que él lo habría hecho y se calmó.

Aunque, para ser sincera, algunas veces *sí están* tratando de asustarte, solo para divertirse. Eso ocurrió en el County Asylum/Infirmary del condado de Randolph, en Winchester, Indiana, el cual investigamos en la cuarta temporada de *Kindred*. Resultó que la entidad que gruñía al otro lado de una puerta cerrada con llave y quien casi le sacaba las bisagras de tanto sacudirla era un trabajador de la feria llamado Harry *Peg* Dunn, que a veces era paciente del hospital. Era un espíritu bondadoso que solo estaba tratando de divertirse y dar alegría a una vida tranquila en el más allá. Pero esa es otra historia.

Estoy completamente de acuerdo con la idea de que las personas actúan en el más allá de la misma manera en la que actuaron en vida. Si alguien era un cretino cuando estaba vivo, no necesariamente va a dejar de serlo cuando se convierte en fantasma. Pero para mí, eso solamente sucede con la minoría de personas. También es posible que una persona pueda estar realizando algunas cosas que dan miedo, como ejemplo está el señor Kotek, porque no entiende lo que está pasando en su casa o no le gusta lo que uno está haciendo ahí. Genuinamente, pienso que el señor Kotek estaba tratando de proteger su hogar de lo que pensó que era una amenaza. La mayoría de las veces creo que percibimos las cosas que no entendemos como atemorizantes porque está en la naturaleza humana tener miedo a lo desconocido. Es muy sencillo asumir que un ruido extraño en nuestra casa es algo malo. A menos que te hayan criado en un hogar por completo extraño como a mí, es totalmente natural tener esa reacción. Más bien yo digo: «Vamos a averiguar qué fue eso».

La mayoría del tiempo la gente me pregunta cómo puedo cazar fantasmas para ganarme la vida, como diciendo: «¿Cómo demonios te pones siempre en estas situaciones tan escalofriantes? ¿Estás loca?». Lo que les respondo es exactamente lo contrario de lo que esperan escuchar: los fantasmas no me parecen aterradores. Me parecen fascinantes. Son personas con historias que contar y yo quiero escucharlas. Para mí, investigar a un fantasma representa el mismo sentimiento que otros tienen al encontrarse con un amigo para tomar una copa de vino. Solo estamos conversando. La diferencia es que cuando hablo con fantasmas, la conversación es un poco más unilateral. Algunas veces se necesitan muchas preguntas para lograr que una entidad comunique aunque sea unas pocas palabras. Pero, bueno, también he estado en citas en las que más o menos fue así.

Esta idea fundamental de que, ante todo, los fantasmas solo están intentando ser escuchados, se vuelve más complicada cuando nos encontramos en lugares donde las personas han tenido experiencias en verdad aterradoras. He visto casos en los que los fantasmas en realidad sí intentan asustar o lastimar a la gente. Por el contrario, he investigado situaciones en las que la presencia sobrenatural es una fuerza positiva y a la gente le encanta tener a estos fantasmas alrededor. Lo que es muy interesante para mí es que estas dos experiencias, totalmente diferentes, las pueden estar experimentando distintas personas de la misma familia y que viven juntas en la misma casa.

Aunque suene increíble, esa es la verdadera historia detrás de la casa de la película *El conjuro*.

No se puede negar que la familia Perron, cuya experiencia fue la base para la película, vivió una prolongada pesadilla en una antigua granja del siglo XVIII, en Harrisville, Rhode Island. Roger y Carolyn Perron, y sus hijas Andrea, Nancy, Christine, Cindy y April sintieron la presencia de lo sobrenatural como parte de su vida cotidiana durante casi diez años, tiempo en el cual vivieron en esa casa, de 1970 a 1980.

Esa familia vivió con diferentes fantasmas en una casa que estaba muy embrujada, y que no siempre era segura. Fue investigada cinco veces por los expertos en sucesos paranormales: Ed y Lorraine Warren (quienes también trabajaron con la casa de *Terror en Amityville* y con la muñeca embrujada de *Annabelle*). Cuando llegaron por primera vez para investigar, Andrea Perron dijo: «Esperaron hasta el día previo a Halloween. La señora Warren respondió que pensaban que el velo sería más delgado y que tendrían más posibilidades de ver una manifestación. Mi madre la miró, se rio y dijo: "Entonces todos los días son Halloween en esta casa"».

El conjuro, aunque se basa un poco en las memorias de Andrea Perron y en los recuerdos de la propia Lorraine Warren, en realidad no retrata lo que atravesó esa familia. En la vida real no había ningún espíritu adorador del diablo que poseyera a las mujeres que vivían en la casa para que asesinaran a sus hijos, ni un joyero embrujado, ni un fantasma escondido en el sótano llamado Rory. Ni siquiera había un entrepiso en la casa real. En este libro conoceremos la verdad, a medida que avancemos, pero es importante borrar todo lo que creímos haber aprendido sobre los Perron de *El conjuro*, pues vamos a hablar de las experiencias reales de la familia.

Andrea ha sido amiga mía durante mucho tiempo y siempre me dice que la película no se parece en nada a lo que les sucedió porque —atención— lo que vivieron en la casa fue «mucho más aterrador». Fue más aterrador que las fuerzas invisibles que arrastran a las adolescentes por el cabello.

Es importante tomar un segundo para que puedas asimilarlo.

Carolyn Perron, la madre, se ha negado a volver a la casa desde que se fue en 1980 y la hija menor de la familia, April, falleció en 2017. Roger y las cuatro hermanas vivas regresaron a la casa por primera vez, en grupo, para grabar un episodio de la cuarta temporada de *Kindred*, y la familia habló mucho sobre los recuerdos durante esa época y sobre las experiencias que vivieron en su hogar. Todos estaban de acuerdo en que ahí les habían sucedido cosas terribles y traumáticas. Pero también admitieron que tuvieron muchas experiencias sobrenaturales y felices en ese tiempo.

Carolyn y la penúltima hija, Cindy, se llevaron la peor parte del abuso por parte de los fantasmas en esa casa. Según recuerda Andrea, hirieron a su madre al menos cinco veces;

entre estos ataques se incluye uno con una estaca de jardín que le atravesó la cadera, también le lastimaron la pierna con una aguja invisible y recibió una cortada en el cuello con una guadaña que le arrojaron en el granero. Cindy casi se ahoga cuando algo invisible la mantuvo bajo el agua en la tina, y casi se asfixia cuando quedó atrapada dentro de una vieja caja de madera que no se podía abrir, a pesar de que no tenía candado. A Christine le pasó lo mismo en un baúl antiguo. Del mismo modo, las chicas quedaban inmovilizadas dentro de los roperos sin que tuvieran forma de salir. Oían voces todo el tiempo. O de repente se quedaban helados, y al darse la vuelta veían algo espeluznante parado ahí.

Pero al mismo tiempo en el que sucedían todas esas cosas angustiosas, la familia también tenía experiencias positivas con las presencias de la casa. Esa es la parte de la historia que, en su opinión, pasaron por alto tanto en la película como en los propios relatos de los Warren. Muchos de los roces con entidades en su hogar, especialmente las experiencias de Andrea, Nancy y Roger, fueron felices.

—Tuve bastantes interacciones con los espíritus en esa casa, pero siempre fueron pacíficas —dijo Andrea—. Me sentía protegida.

Ella piensa que es porque escribió diarios sobre lo que estaba presenciando ahí y, de esa manera, estaba dejando un testimonio de esos relatos. (Creo que es una teoría bastante sólida. ¿Recuerdas a Peg Dunn? La lectura de Chip Coffey de esa situación fue que Peg hacía bromas para que lo recordaran y hablaran de él después de su muerte).

—Al principio, cuando nos mudamos, mi madre caminaba por esa casa todas las noches y a cada uno nos daba un beso antes de dormir —dijo Andrea—. Todos recordamos a una mujer que solía andar por la casa y hacer lo mismo.

Ella nos explicó que todas las niñas sintieron algo similar y que asumieron que era su madre quien, después de haberse dormido un rato, volvía para hacer una revisión final.

—Cindy fue quien dijo: «Esa no era mamá, porque mamá siempre huele a jabón Ivory y esa señora huele a flores y frutas».

La familia también hablaba de Oliver Richardson, quien creían que era el hijo de la familia que construyó la casa en el siglo XVIII. Oliver murió joven y su espíritu jugaba con April cuando las otras hermanas estaban en la escuela. April ocultó su existencia a los Warren, declaró Andrea, porque temía que, si revelaba su presencia, de alguna manera lo obligarían a abandonar la casa, y ella lo amaba. (No pudimos verificar la existencia de Oliver en nuestra investigación, pero eso no significa que no estuviera ahí. Una de las partes más difíciles de este trabajo es encontrar archivos de niños nacidos en siglos pasados. Sus nacimientos y muertes ocurrían sin ningún tipo de registro porque antes de la medicina moderna las tasas de mortalidad eran muy altas).

De la misma manera, Roger contó sobre su experiencia con una mujer en la casa (creen que no es la misma que cobijaba a las niñas por la noche) y su conexión emocional con ella. Él la describió como un espíritu gentil que lo saludaba todos los días tocándole la espalda. Esa es una experiencia que, personalmente, puedo confirmar, porque cuando estaba investigando la casa para llevar a cabo el programa sentí exactamente lo mismo. Hubo un momento en el que sentí una mano acariciándome la espalda, era como la caricia reconfortante de una madre. Normalmente odio que los fantasmas me toquen. De hecho, odio que un extraño lo haga, en especial si es uno que no puedo ver. Esa ocasión fue la única vez que pensé: «Esto en realidad es agradable».

De todas las hermanas, Cindy era la que menos deseaba volver. Le resultó muy difícil estar en esa casa, incluso estando todos juntos: su familia, el elenco y el equipo del programa, y los propietarios actuales. Sin embargo, por otro lado, cuando los Perron vendieron la casa, Nancy se rehusaba completamente a irse, hasta se ofreció a quedarse y ser la cuidadora de los nuevos propietarios. De esa manera amaba ese lugar.

Durante la sesión de espiritismo que ocurrió la última vez que los Warren investigaron la casa, Carolyn Perron fue lanzada a través de una habitación, mientras estaba sentada en una silla, y quedó inconsciente. Aun así, ella tiene una visión algo positiva de esos años. En realidad, Carolyn fue quien tituló los libros de Andrea.

—Ella simplemente se cruzó de brazos y dijo: «*House of darkness. House of light*» (Casa de la oscuridad. Casa de la luz). Era ambas cosas —dijo Andrea—. Me siento como en casa y muy cómoda estando ahí, en ese ambiente —explicó—. Es el único lugar en la Tierra que he sentido como mi espacio permanente. Todo lo demás lo siento temporal. La granja es mi hogar.

Entonces, ¿qué pasó realmente ahí? Honestamente, no lo sé.

Las hermanas dicen que sintieron a esos mismos espíritus cuando visitaron la casa con nosotros, y que se mantenían en contacto con ellos, incluso mientras Adam y yo estábamos ahí investigando y no encontrábamos gran cosa. Si observamos detenidamente el episodio, se puede ver un momento en el que Cindy sacude la cabeza y pronuncia la palabra «no». Luego nos explicó que fue su respuesta cuando alguien invisible le ordenó ir al sótano y después a la biblioteca. Al día siguiente de estar en la casa, Cindy regresó a su hogar, en Georgia. Nos informó que se sentía físicamente enferma y que encontró un gran hematoma en la parte posterior de su pierna que no recordaba haberse hecho. Andrea cree que los síntomas físicos que sufrió Cindy fueron una represalia por no aceptar lo que los fantasmas querían que hiciera. Cindy juró no volver nunca más a la casa.

No tengo una buena explicación de por qué los espíritus que interactuaron tan fuertemente con esa familia no se presentaron mientras nosotros estuvimos ahí, ni tampoco a los nuevos dueños de la casa. Andrea dijo que tenía la impresión de que los fantasmas estaban inquietos por todos los cambios y la conmoción que había en la casa y no se sentían cómodos revelándose. Mi esperanza es que, con el tiempo, cada nueva visita e investigación revele nueva información.

Algo que sí puedo afirmar es que, en lo personal, me costó mucho trabajo estar en ese espacio. Aunque Adam y yo no encontramos ninguna evidencia de los espíritus que describieron los Perron, todavía no estoy convencida de que la casa sea por completo segura. Hay algo en la granja que tiene cierta afinidad con los niños, y no es necesariamente una correspondencia agradable. No pudimos confirmar quién estaba ahí, pero pudimos deducir que, sean quienes sean, se dieron a conocer más ante los niños que ante los adultos y no sabemos por qué. Por suerte, como la granja está muy cerca de mi patio trasero, es uno de esos lugares a los que en definitiva regresaré y en los que seguiré intentando descubrir algo.

Lo que sí sabemos con certeza es que Bathsheba Sherman, que ha sido calumniada durante décadas por ser adoradora del diablo y acusada de hacerle cosas indescriptibles a su propio hijo, no tuvo nada que ver con ese hogar. En la película, ella es un espíritu maligno que perpetúa un legado de asesinatos realizados por las mujeres que vivían en la casa después que ella. En realidad, ella ni siquiera vivía en esa casa, y *definitivamente* no asesinó a nadie. No hay evidencia ni registro histórico que indique que ella no era más que una mujer normal, quien llevaba una vida normal en una granja cercana. Esa leyenda es producto de las investigaciones de la casa realizadas por Ed y Lorraine Warren.

Quiero dejar en claro que respeto y admiro mucho a los Warren. El trabajo que han realizado y los avances que lograron hacer para que lo paranormal fuera un asunto más convencional, además de que ayudaron a facilitar el camino que hoy estoy recorriendo. No obstante, la investigación que he realizado y la información que he visto acerca de la Sociedad Histórica de Harrisville me han llevado a creer que estaban equivocados con Bathsheba. Esa pobre mujer ha sido culpada durante casi cincuenta años por cosas con las que ella no tenía nada que ver. Está muerta desde hace siglos. Ya no puede defenderse.

En realidad no sé de dónde surgió esa información, ni cómo sucedió. Más bien creo que el resultado de esa desinformación fue que por décadas una inexactitud histórica ha sido presentada involuntariamente como un hecho, tanto en el trabajo de los Warren como en *El conjuro* (en una versión muy dramatizada), y esto ha tenido repercusiones en la vida real. La lápida de Bathsheba, en Harrisville, fue robada y desfigurada tantas veces que la Sociedad Histórica de Harrisville tuvo que retirarla de forma permanente del lugar de su entierro. Y la casa, por supuesto, se convirtió en el objetivo de tanto tráfico turístico, a menudo hostil, que incluso un antiguo propietario demandó a Warner Bros. Es claro que esa misma persona se ha embarcado en una cruzada personal para refutar la historia de la casa embrujada, *incluso después* de que ella había pasado años hablando en público de esos fantasmas. Hasta nos invitó a grabar un episodio de *Ghost Hunters* para la segunda temporada. ¿Mencioné que apareció gritándonos mientras filmábamos un capítulo de *Kindred Spirits?* Porque ella también hizo eso, definitivamente.

El punto de todo esto es que lo que pasó con Bathsheba sirve como un contexto de aprendizaje para todos. Este es el mejor ejemplo de por qué una buena investigación es tan importante y por qué uno *tiene* que hacer su tarea y recabar la historia de manera correcta. En las décadas de los setenta y ochenta hubo una ola de personas como los Warren (como Hans Holzer y Sylvia Browne), que eran muy reconocidas por sus nuevas perspectivas sobre los aspectos paranormales, pero que tenían ideas estrictamente definidas de lo que era «lo paranormal». Creo que, con su particular perspectiva sobre la investigación, Ed y Lorraine estaban buscando a alguien a quien culpar y, de ese modo, brindar una explicación clara de lo que estaba sucediendo.

Para mí, es una señal evidente de lo que se vivía en la época más que una difusión deliberada de información errónea. Crecí leyendo a autores como los Warren. Cuando era niña tomé como dogma lo que todos decían. No fue sino tiempo después que pensé: «Espera un momento, tal vez no deberíamos aceptar solamente estas ideas como la única verdad». Hoy estamos en una época en la que las personas son un poco más escépticas sobre lo paranormal. No lo descartan por completo, pero no están listas para aceptar estas teorías sobre enviar seres a la luz, o la idea de los demonios y los ángeles, como la única solución posible. Por eso, ahora que tenemos estos asombrosos archivos de periódicos y registros históricos en línea, e incluso recursos más extensos en sociedades históricas, podemos entrar para corregir ese tipo de información errónea.

Honestamente, eso es lo que me encanta de la cacería de fantasmas. Es muy interesante para mí encontrar la verdadera historia. Descubrimos *tantas cosas* sobre esa casa que no tuvimos tiempo de incluir la mayoría en el programa. Por ejemplo, investigamos sobre los siete soldados muertos que se mencionan con tanta frecuencia como una leyenda, pero no pudimos encontrar ninguna evidencia de ellos. Ni siquiera pudimos hallar un registro de actividad militar cerca del área, ni un campamento, ni nada. Lo que sí encontramos fue que un hombre murió por exposición a una tormenta de nieve justo afuera de la casa, mientras su familia lo esperaba adentro. También encontramos evidencia de un hombre que entró borracho al granero y murió ahí. Además, hubo una gran cantidad de suicidios en el área, más que en cualquier otro caso que haya investigado. Sin embargo, no hubo evidencia detectable de la mujer que se rumoraba se había ahorcado en el granero, y de la cual mucha gente sospechaba que es la mujer que tiene el cuello doblado, y que está representada en la pared del sótano. En realidad, hay rumores y murmullos de muchas más muertes dentro y alrededor de esa casa, pero aún no hay evidencia de ellas. En ese momento jugábamos el juego de teléfono descompuesto que se remonta a doscientos años hacia el pasado. Pero, finalmente, el rastro no conduce a ninguna parte.

Un invitado no invitado

Para un episodio de *Ghost Hunters* fuimos a investigar a la cárcel del condado de Essex, en Nueva Jersey. Esta prisión, ahora abandonada, se construyó en 1837 y se cerró en 1970, por lo que hubo un largo periodo en el cual se acumuló energía negativa en ese espacio, especialmente porque tenía una horca para los prisioneros condenados a muerte.

Cuando lo visitamos, el edificio estaba en muy mal estado y hubo numerosos informes sobre sombras, pasos incorpóreos y tintineos de llaves invisibles. En ese momento, en el programa no teníamos un número considerable de investigadores, por lo que en ocasiones uno de nosotros no tenía un compañero para realizar la investigación.

Durante mis horas de inactividad tuve una idea brillante: ¡el camarógrafo podría venir a investigar conmigo! Yo aparecería «sola» ante la cámara, pero nadie tendría que ser un científico espacial para darse cuenta de que en realidad no estaba sola, porque alguien estaba ahí para grabarme.

Así que nos dirigimos hacia los túneles que había bajo la prisión. Yo sabía que el complejo se había convertido en un refugio para drogadictos en situación de calle, pero los edificios que estábamos investigando esa noche habían sido revisados por el equipo de seguridad, que se aseguró de que no hubiera nadie adentro.

Cuando bajamos a los túneles realmente no se me ocurrió que estábamos fuera de los límites de esa autorización de seguridad.

Mientras avanzábamos noté lo que parecía ser una rejilla en el techo del túnel; parecía que se podía mover. Por suerte para mí, había un barril de acero cerca en el que podía subirme para asomarme a ver el interior. En ese momento escuché un ruido arriba. Me ganó la curiosidad. ¿Podría ser un animal? O tal vez… ¿un fantasma?

Lo que no vi venir fue que yo iba a subirme sobre ese barril, levantaría la rejilla, asomaría la cabeza y me encontraría directamente, cara a cara, con un hombre. Un hombre que estaba muy sorprendido de verme, y cuyo rostro me dijo claramente que yo no era bienvenida. Su rostro me decía que me tenía que ir. En ese instante.

Salté (me caí) y salí (corrí) de los túneles. Evidentemente, las personas de seguridad no habían llegado a ese edificio.

Capítulo 3

CAZAR FANTASMAS ES UN PASATIEMPO, NO UNA PROFESIÓN

LO QUE MÁS ME PREGUNTAN es cómo conseguir un trabajo como el mío, viajar por el país en busca de experiencias espeluznantes, y ganarse la vida haciendo lo que la mayoría considera un pasatiempo de fin de semana muy extraño y costoso.

La respuesta es: «No tengo idea».

No existe un camino tradicional para encontrar una carrera dentro de lo paranormal. También para mí comenzó como un pasatiempo. Investigué por diversión, durante años, antes de hacer algo profesional con la cacería de fantasmas. De hecho, investigar casos por lo general me *costó* dinero. Cuando uno está haciendo sus propias investigaciones es difícil tener los recursos para hacerlas con la profundidad con que uno quisiera. Si alguien viaja a una ubicación específica, puede resultar muy costoso, y también se debe considerar tener tiempo libre en el trabajo, además hay equipo muy caro, que a muchas personas les gusta usar. Para investigar simplemente se puede usar la linterna y la grabadora del celular, aunque es mucho menos divertido que ver entidades que te saludan a través de una cámara con sensor de luz estructurada (SLS, por sus siglas en inglés: *structured light sensor).*

Cuando era joven ni siquiera estaba pensando en convertir mi pasatiempo en un trabajo formal. Pasó mucho tiempo antes de que la investigación de lo sobrenatural se convirtiera en un camino con el que pudiera solventar mi vida económica. Afortunadamente, con *Kindred Spirits* puedo viajar por todo el país y pasar días enteros indagando y buscando nueva información para poder utilizar en mis investigaciones. Ni por un segundo olvido que soy increíblemente privilegiada al poder hacer lo que amo y también al tener una plataforma en la que comparto mis ideas y mi trabajo con el mundo. Mi gratitud con esta parte de mi vida no tiene fin.

Pero cuando comencé con mis investigaciones nunca soñé con que esto se convertiría en un trabajo para mí.

Para ser honesta, ni siquiera puedo identificar el momento exacto en el que comencé a buscar fantasmas. Siempre estuvieron ahí. Provengo de una familia que tiene dones únicos, uno de ellos es mudarse continuamente, sin querer, a casas que luego resultan estar embrujadas. Mis tías Roxi y Lizzie, las hermanas de mi padre, son sensibles a lo paranormal, en cierto modo. Cuando mi hermana Becky tenía 16 años le dio encefalitis y cayó en coma. Nunca olvidaré a mis tías entrando en la habitación del hospital para realizar algunos rituales. Cantaron y meditaron, luego llenaron la habitación con humo de salvia a pesar de que *definitivamente* no se permite hacer esas cosas en los hospitales. Como puedes ver, fui criada con ese tipo de creencias en la magia, en el poder de la energía y en la intención.

Imagina que esas cosas suceden a tu alrededor con frecuencia mientras eres niño. En definitiva, nunca serías normal.

Mi papá tiene sus propios dones, aunque los mantiene en secreto. Hasta el día de hoy, yo todavía no conozco los detalles de lo que hace en relación con lo sobrenatural. Nunca lo ha discutido ni con sus hermanas, ni siquiera con mi madre. Hace poco pude obtener fragmentos de información sobre lo que él hace. Creo que las personas lo llaman para limpiar sus casas de fantasmas, pero cómo o por qué lo hace, o si funciona, honestamente es un misterio absoluto para mí. Esa privacidad podría deberse a que es físico, y su mente científica está en desacuerdo con sus inclinaciones paranormales. Por ahora, lo único que sé con total certeza sobre lo que hace es que nunca hablará de ello.

Cuando yo tenía 12 años, mi papá me llevó con él para resolver un caso. En ese momento yo no tenía idea de que él estaba haciendo algo relacionado con esto. Tenía unos amigos que eran dueños de una hermosa casa, en Petaluma, California, que la alquilaban, pero estaba plagada de problemas. Cada vez que lograban rentarla a un nuevo inquilino, las cosas salían mal. En serio muy mal. Los inquilinos prácticamente se volvían locos, destrozaban muebles y derribaban paredes; en otras palabras, destruían por completo el lugar. Ya había sucedido con tres personas diferentes, una tras otra, y las tres habían hecho lo mismo. Los amigos de mi padre estaban convencidos de que el lugar estaba maldito o embrujado. Entonces, en el momento en el que el último inquilino se mudó, llamaron de inmediato a mi papá para ver si podía mejorar lo que fuera que estuviera pasando ahí.

Recuerdo con claridad lo que pasó. Viajamos hasta ahí, en la motocicleta de mi papá, y supe en el momento en el que entramos por la puerta que algo en la casa estaba mal. El lugar tenía un ambiente bastante extraño. Mi papá subió al primer piso a hacer algo y yo decidí bajar al sótano, sola.

Y ahí fue donde vi dos ojos rojos mirándome. Subí las escaleras corriendo, grité para buscar a mi papá, y le conté lo que pasó. Después de lo que había visto no quería permanecer ni un momento más en esa casa. Mi mamá vino a buscarme, pero mi papá se quedó para terminar su trabajo. Estuvo ahí toda la noche, en esa casa, solo, nada más tenía un saco de dormir, una linterna y un libro. Hasta donde sabemos, después de eso no ocurrió nada más en la casa. Incluso el día de hoy todavía no entiendo bien qué estaba pasando ahí ni qué hizo mi papá. No piensa decírselo a nadie. Y lo que vi con facilidad podría haber sido imaginado por un niño de 12 años asustado, que estaba buscando algo en la oscuridad. Tendría que regresar a la casa e investigar ahora para obtener realmente una respuesta. A pesar de eso, ese momento sobresale en mi memoria como uno de los más aterradores y extraños que he tenido.

Sin embargo, y no me canso de repetirlo, ha habido *muchos* momentos raros en mi vida. El señor Green Jeans, que es como a mis tías les gusta llamar al soldado que apareció en la ventana de mi casa, en Alameda, podría haber sido el primer fantasma que vi cuando era niña, pero estaba lejos de ser el único. De hecho, todos mis familiares y yo hemos tenido una gran cantidad de experiencias sobrenaturales. Una vez, cuando era muy pequeña, antes de que asistiera a la escuela, mi tía Roxi me estaba cuidando. Yo trataba de convencerla de que siguiera jugando algo que ella no quería jugar. Estábamos en su dormitorio, cerca del «ropero que todos sabían que estaba embrujado», como ella siempre lo describe, y seguí presionándola para que comenzara de nuevo el juego. Luego, un gancho que colgaba en la perilla de la puerta del ropero comenzó a girar, dando vueltas muy leeeentamente y en círculos, tan despacio que no podía haber sido el viento. Ambas lo miramos. Entonces, como yo tenía apenas 4 años, grité y salí corriendo.

Si tú, lector, viste el episodio de la tercera temporada de *Kindred Spirits*, en el que un tren fantasma trató de atropellarme, sabrás que, aun siendo adulta, a veces grito y me echo a correr.

Yo era de un estilo muy gótico en mis primeros años de adolescencia, y luego fui punk-rock en la preparatoria, pero más que nada, era esa chica que estaba *verdaderamente* interesada en los fantasmas. Iba a las tiendas *new age* de San Francisco todo el tiempo. Mi mamá y yo asistimos a ferias sobre psíquicos y a ver hablar a Sylvia Browne (antes de que hiciera esas predicciones públicas que luego resultaron ser falsas). Todas estas exploraciones en diferentes áreas de lo sobrenatural me dieron los primeros fragmentos de información que luego se convertirían en la semilla de las teorías que he desarrollado sobre lo paranormal en mi carrera profesional.

A medida que crecía y me tomaba más en serio la investigación paranormal, prácticamente me guardé esa pasión para mí misma. Hablaba muy poco al respecto, y por supuesto que no me presentaba con mis nuevos compañeros de trabajo diciéndoles que me gustaba aprender sobre personas muertas. Si separo las veces que investigué con mi papá o mis tías, en realidad era una exploradora solitaria que hacía las cosas por su cuenta e inspeccionaba lo que podía en el norte de California.

Más adelante, una vez que *Ghost Hunters* salió al aire, los cazafantasmas aficionados comenzaron a salir a la luz. Ese programa siguió a The Atlantic Paranormal Society (TAPS), con sede en Warwick, Rhode Island. Poco después de que se emitió por primera vez, comenzaron a aparecer equipos de investigación, y uno se estableció cerca de mí, en Sacramento, donde vivía en ese momento. Me entrevisté con los miembros del equipo y en verdad nos llevamos bien. Fueron las primeras personas ajenas a mi familia con las que investigué de manera seria. Nos reuníamos una vez al mes en la biblioteca y revisábamos las solicitudes de casos que nos hacían llegar. Había tantos, más de los que podíamos manejar, porque *Ghost Hunters* se había convertido en algo enorme y la gente hablaba abiertamente sobre espíritus y apariciones como nunca antes lo había hecho. Con cada una de las solicitudes de casos que llegaba hacíamos una evaluación preliminar por teléfono y luego les pedíamos a los solicitantes que completaran un cuestionario detallado sobre la actividad que estaban experimentando. Después revisábamos de nuevo las solicitudes de casos una por una, y decidíamos lo que cada quien haría.

Casi de inmediato las investigaciones comenzaron a ocupar todo mi tiempo no laboral. Trabajábamos en estos casos todos los fines de semana, manejábamos horas para llegar a las casas de los solicitantes, y nos quedábamos en pequeños moteles. Fue muy divertido, y lo hicimos tan solo por el amor a encontrar fantasmas y por ayudar a las personas a tranquilizarse. En aquel entonces la mayoría de los investigadores todavía aceptaba la idea de que tener la prueba de que había un fantasma era el único objetivo de una investigación. En cada caso, había solo dos opciones: o encontrábamos algo sobrenatural y tratábamos de explicárselo a los propietarios, o descubríamos que en realidad no era un fantasma y también se lo explicábamos. En ese entonces nuestro propósito era como: «Esta es la evidencia que hemos reunido. No estás loco, esto en verdad está sucediendo». Y no nos centrábamos tanto en el: «¿Qué hacemos para arreglarlo?». Nunca pudimos dar el siguiente paso en esas investigaciones para tratar de ayudar a resolver sus problemas, o tratar de descubrir las causas subyacentes de los fantasmas para estar ahí. Simplemente no se hablaba de ello en ese entonces. Se trataba más de la emoción de la cacería y de encontrar pruebas de que los espíritus existían en realidad.

Esa fue la primera vez que sentí que por fin había encontrado mi lugar y a la gente con la que quería estar, sentí que no era el único bicho raro en el mundo. Fue muy refrescante para mí; lo viví como una gran aventura.

Uno de los casos que investigué con ese primer equipo fue en Sacramento. La familia que nos llamó tenía una hermosa casa en un lindo vecindario, pero a pesar de que en ese entonces ocurría un auge inmobiliario, los dueños no podían vender su casa. Fuimos dos o tres veces a investigar y tratar de averiguar qué era lo que estaba pasando.

Esa familia tenía un hijo que había muerto unos años antes en un accidente automovilístico y, lo que es peor, el choque ocurrió justo en la esquina de su propiedad. El espíritu del hijo estaba en la casa; estaba inquieto y muy enojado porque su familia estaba tratando de irse. Cualquiera de nosotros podía sentir la vibración tan pronto como entraba en la casa, y había señales frecuentes de su ira, como portazos. El espíritu del hijo había estado relativamente tranquilo ahí con sus familiares, pero cuando quisieron mudarse a otro lugar, él quería que supieran que eso a él no le gustaba.

En ese momento no era una práctica común el mantenerse en contacto con las personas después de investigar sus casos. Creo que no volví a saber de ellos, así que no sé qué pasó con la familia, o si en realidad arreglamos lo que estaba pasando. En aquel entonces solo estábamos documentando la información. Ojalá pudiéramos regresar y volver a visitar esa casa. Es un caso perfecto para *Kindred Spirits*, y sería increíble poder asegurarnos de que en verdad les brindamos toda la ayuda que necesitaban en ese momento.

Al mismo tiempo que trabajaba en esos casos locales, comencé a diversificarme con mis experiencias de lo sobrenatural. Viajé más lejos para visitar lugares más importantes, como el Hotel Stanley, en Estes Park, Colorado, el lugar que inspiró a Stephen King para escribir *El resplandor*. La primera vez que visité el hotel, más o menos en 2007, fue para asistir a una convención paranormal. Ahí fue donde conocí a Dave Schrader, locutor de Darkness Radio, quien algunos años después presentó nuestro *Haunted Salem: Live*, un evento televisivo que se transmitió en octubre de 2019.

Dave fue una de las primeras personas en comenzar a organizar eventos paranormales a gran escala, los cuales iban más allá de simples conferencias y al final se convertían en reuniones sociales.

—Comenzamos a pasar de estas pequeñas reuniones de cuarenta o cincuenta personas, cerca de la sede de TAPS, en Rhode Island —dijo Dave—, a eventos con trescientas personas, en el *Queen Mary*, o en la Penitenciaría Estatal de Stanley, o del Este. Los realizábamos todos en fantásticos lugares embrujados que eran perfectos para este tipo de grupos.

Como lo explicó Dave, los eventos que se producían, en los que invitaban a estrellas paranormales emergentes de todo el país a lugares notoriamente embrujados, en realidad comenzaron a principios de la primera década del siglo XXI.

—Hubo grandes conferencias paranormales en Penn State llamadas Univ-Con. Básicamente era una conferencia tras otra de grandes cazafantasmas como Lorraine Warren, Lou Gentile, John Zaffis —dijo—, pero nunca había sido mi tipo de espectáculo itinerante.

»Pensé que íbamos a tener que seguir buscando nuevas locaciones para mantener el interés de la gente —dijo Dave—, pero cada vez que lo reservábamos las entradas se agotaban.

Yo estaba justo ahí con todos esos fanáticos de los fantasmas. En los eventos había fiestas donde se podía conocer y hablar con las celebridades paranormales, luego escuchar conferencias durante el día, y, para terminar, investigar lugares embrujados con ellos por la noche. Fue un momento perfecto para mí cuando inauguré Strange Escapes, mi empresa de viajes paranormales, con la que comencé a organizar eventos por mi cuenta, porque conocer gente que compartiera mis ideas era muy significativo para mí en ese entonces.

Extender mi empresa en la comunidad paranormal más grande fue para mí un cambio radical de juego. En esa primera conferencia paranormal (Paracon) establecí contacto con personas que compartían mi pasión por la investigación y la inspección. Pero más que eso, me di cuenta de que no estaba completamente sola respecto a mis creencias, y no solo sobre cómo hablar con los fantasmas. Estas personas estaban convencidas de que los fantasmas eran entidades reales entre las que vivimos todos los días, justo como yo lo pensaba. Durante mucho tiempo no hablé con nadie de esas cosas a profundidad. Claro, las personas tienen sus creencias informales sobre los fantasmas. Pero la mía era más del estilo: «No solo creo en los fantasmas, sino que me gustan tanto que voy sola a buscarlos, a lugares embrujados, en la oscuridad». Si alguien intenta profundizar en los EVP que acaba de obtener dentro de un acorazado que está embrujado, durante una cena llena de gente a la que no le interesa lo paranormal, hay que ver el tipo de miradas que se reciben.

Pero eso no sucedió en el Stanley. Ahí tuve una de mis experiencias paranormales más locas, y toda una convención de compañeros fanáticos de los fantasmas con los que pude hablar sobre cualquier tema sobrenatural.

Estaba investigando en el estacionamiento del hotel, que estaba al costado del edificio principal y que se usaba para almacenamiento. Había tantos rumores sobre ese espacio (por ejemplo, que se había utilizado para mantener cautivos a algunos nativos americanos), pero no había forma de verificar lo que en realidad había sucedido ahí. Por lo regular no estaba abierto al público, así que fue una novedad que pudiéramos estar en ese espacio. Básicamente era un granero con piso de tierra donde había colchones viejos. Todos estábamos sentados en un lado de la habitación y le pedíamos a quien fuera que estuviera ahí que se acercara y hablara con nosotros. De repente escuché pies que corrían por la tierra. El sonido fue tan fuerte y pronunciado que no había forma de que pudiera haber sido otra cosa. Todos saltamos del miedo porque era como si alguien corriera justo frente a nosotros.

También teníamos una caja de espíritus en funcionamiento, la cual es una radio modificada que amplifica las voces paranormales. Esa era la primera vez que yo usaba una caja de Frank, o Frank's Box, y también fue la primera vez que conocí a Frank Sumption, quien inventó el prototipo que se convirtió en las cajas de espíritus que usamos hoy. Fuera de la caja, claramente escuchamos: «Reza por tu cuenta». Lo que sea que estaba ahí con nosotros comenzó a caminar de un lado a otro de la puerta, con pasos pronunciados, como si estuviera esperando que nos fuéramos.

El Stanley es un espacio al que me encantaría volver en algún momento, para tratar de saber qué hay realmente ahí y poder descubrir qué fue lo que vi esa noche. El hotel solía aceptar su historia embrujada y su legado de leyendas espeluznantes, pero ahora ya no lo hace. Los propietarios se han alejado de ese tipo de turismo y ya no permiten que eventos e investigaciones relacionados con lo paranormal se lleven a cabo ahí. Ahora su enfoque está más dentro de la música en vivo, los ilusionistas y los magos. No he podido regresar en todos estos años, pero espero que algún día esa puerta se vuelva a abrir para mí, para poder llegar al fondo de quién o qué está ahí.

Mucha gente asistía a estos eventos porque eran investigadores aficionados, pero muchos de los asistentes también iban simplemente porque eran fanáticos de *Ghost Hunters*. Este fue el primer programa de telerrealidad en el que se podía ver a investigadores reales en busca de pruebas sobrenaturales verdaderas. Ahora parece algo muy común: al encender la televisión en una noche al azar, cualquiera puede encontrar personas que buscan a Pie Grande o el famoso Atlantis, pero en ese entonces era un fenómeno totalmente genuino.

Para poder manejar el gran volumen de solicitudes de investigación que TAPS recibía una vez que el programa comenzó a transmitirse, Jason (Jay) Hawes y Grant Wilson, cofundadores de la organización, iniciaron la red TAPS Family. Los grupos paranormales de todo el mundo que compartían metodologías de investigación similares podían postularse para convertirse en afiliados de TAPS y que se les encargaran casos cercanos. Nuestro grupo en Sacramento era parte de TAPS Family, que en ese entonces tenía como miembros unas 150 organizaciones en todo Estados Unidos.

Las cosas empezaron a agriarse un poco entre algunos miembros del grupo de Sacramento y yo, porque me hice amiga de Jay y Grant, y muchos no podían entender por qué estos tipos famosos elegían hablar con una miembro novata de su equipo, en lugar de con la gente que había estado ahí por más tiempo. Con toda honestidad, acababa de enviarle a Grant una solicitud de amistad en Myspace. (¿Recuerdas cuando podías conocer gente de esa manera?). Él aceptó y me escribió un mensaje diciendo: «Bienvenida a la locura». Comenzamos a conversar. Teníamos intereses muy similares en el arte y la música, así como teorías similares sobre lo paranormal.

Por otro lado, yo tenía un trabajo paralelo como productora en un pódcast paranormal en el momento que había surgido la red TAPS Family. Varios grupos de investigación paranormal que formaban parte de la red contribuían con contenido. Yo no era anfitriona, sino que me encargaba de convocar a invitados como el médium espiritual Derek Acorah; John Zaffis, fundador de Paranormal Research Society de Nueva Inglaterra; y el escéptico profesional James Randi, quien ofreció, como desafío paranormal, un millón de dólares a cualquiera que pudiera mostrar evidencias concretas de que tenía una habilidad sobrenatural.

También pasé de solo asistir a Paracons a hacer presentaciones sobre la dinámica de los grupos de investigación paranormal. Por curiosidad, comencé a recopilar información sobre cuándo y cómo se formaron estos grupos, enviaba encuestas por medio de la red TAPS Family y Myspace. Con el tiempo obtuve respuestas de más de quinientos grupos en todo el país.

Estaba tratando de averiguar por qué la gente investigaba, cuáles eran sus métodos, cuáles eran sus sistemas de creencias, qué tipo de educación tenían, cómo funcionaban las estructuras de cada grupo. Cualquier cosa sobre lo que estaban haciendo me interesaba. Lo que encontré fue fascinante: casi todos esos grupos habían comenzado después de que *Ghost Hunters* se estrenara, y la mayoría de los miembros de estas nuevas agrupaciones ni siquiera había leído un libro sobre lo paranormal en su vida. La mayoría de ellos basaba sus investigaciones completamente en lo que pasaba en la televisión.

Siempre me ha apasionado la investigación. Como construí una gran base histórica durante todo ese tiempo que pasé en las bibliotecas cuando era joven, sentí que este era un pequeño nicho que podía crear. En la primera década de este siglo, básicamente estábamos atravesando un renacimiento del movimiento de espiritismo como el que había existido durante la era victoriana, en la que el entretenimiento nocturno de la gente era intentar comunicarse con los fantasmas. Era posible que los nuevos investigadores se hubieran inspirado en lo que estaban viendo en la televisión, pero había mucho más que saber sobre lo sobrenatural que solo eso.

En esas charlas les daba un contexto histórico del origen de la cacería de fantasmas, y les comentaba algunos títulos de los que para mí eran los libros más creíbles sobre el tema. Recomendaba textos como *ESP*, *Hauntings and Poltergeists* (Percepción extrasensorial, fantasmas y poltergeists. Manual de un parapsicólogo) de Loyd Auerbach y *Communicating with the Dead: Reach Beyond the Grave* (Comunicarse con los muertos. Llegar más allá de la tumba) de Jeff Belanger.

Al mismo tiempo que comenzaba a presentarme en conferencias y trabajaba en el pódcast, Jay y Grant estaban produciendo un programa de radio llamado *Beyond Reality Radio*, que se transmitía por todo el país, y buscaban un productor. Comenzaron a notar a las personas a las que yo invitaba a mi programa y me preguntaron si estaría interesada en unirme a ellos. Finalmente nos conocimos en persona cuando fueron a San Francisco a filmar uno de sus episodios, a pesar de que para ese momento ya habíamos estado trabajando juntos durante un tiempo.

Meses después me presentaron a Kris Williams, quien era nueva en su equipo en *Ghost Hunters.* Ella y yo nos llevamos muy bien. Unos meses más tarde todos regresaron al Área de la Bahía para filmar otro episodio. En ese tiempo *Ghost Hunters Internacional* me estaba pidiendo de manera insistente que hiciera su programa, y yo los rechazaba una y otra vez. Tenía un buen trabajo en el área de cuidado de la salud, con beneficios y seguro. No iba a dejar todo eso para ir a perseguir fantasmas en Europa. Pero cuando se enteraron de que me estaban reclutando, Jay y Grant me invitaron a hacer *Ghost Hunters* con ellos.

«Esto parece un gran error», recuerdo haber pensado. «Dejar mi maravilloso trabajo para ir a cazar fantasmas en un *reality show* de televisión parece la cosa más idiota e irresponsable que podría hacer».

Pero para entonces mi expareja y yo ya estábamos separados, y yo estaba viviendo un poco a la deriva. No sabía cuál sería mi siguiente capítulo. Jay y Grant me llamaron de nuevo y me pidieron que participara en un caso que estaban grabando en California. «Inténtalo y ve lo que piensas después de hacerlo», dijeron. Kris se había convertido en una buena amiga en ese momento, y el papel para el que me estaban reclutando era para ser su compañera de investigación. «Fui bastante insistente sobre querer a Amy en el programa», dijo Kris recientemente, «porque pensaba que, si íbamos a conseguir a otra persona, para que formáramos una buena pareja, sería agradable que fuera alguien de quien en realidad era amiga».

Así que decidí ir. Nunca lo olvidaré. Mi primer caso fue el Clovis Avenue Sanitarium, en Clovis, California, y el segundo, inmediatamente después, fue el USS *Hornet*, en Alameda, el estado en el que yo había vivido y donde estaba mi primera casa embrujada. Por la forma en que se transmitieron los episodios, se modificaron para que pareciera que mi primer caso fue en Alameda, pero en realidad fue el antiguo sanatorio en Clovis.

Es extraño recordar esos primeros episodios, porque las experiencias paranormales para mí no destacan tanto como los nervios que sentí al estar frente a la cámara por primera vez. Fue como el primer día en una nueva escuela, donde todos ya son un grupo muy unido y cada uno sabe lo que está haciendo mucho mejor que el recién llegado. Estaba tratando de mantenerme actualizada con ellos e intentando encajar en la dinámica del grupo, pero al mismo tiempo estaba muy consciente de la filmación y procuraba no estropear las imágenes.

Además, y lo digo con cariño, no todos en el equipo estaban contentos de tenerme ahí. Steve Gonsalves, en especial, desconfiaba de mí. Era muy protector con TAPS y con la forma en que hacían las cosas; además, él no me conocía en absoluto. No puedo culparlo, yo solo era una chica de California. Fue el más difícil de conquistar, pero valió la pena el trabajo. Sigue siendo uno de mis mejores amigos hasta el día de hoy.

Yo ya había realizado muchas investigaciones para entonces, pero todavía me sentía casi como una principiante, y ciertamente nunca antes había hecho nada de la escala de *Ghost Hunters*. Dispuesta a no dejar que la situación me abrumara, decidí tratar ese primer caso en Clovis Sanitarium como cualquier otro. Entraría, haría preguntas, investigaría lo mejor que pudiera (y, ya sabes, intentaría no hacer el ridículo ante la cámara). Traté de ser yo misma y de actuar como si el equipo no estuviera ahí. Si alguna vez has estado frente a una cámara así, sabes que cuando la lente te apunta es más fácil decirlo que hacerlo.

Me ayudó mucho estar con Kris, aunque ella también era bastante nueva, ya que solo había estado en el programa durante casi un año. Recuerdo una vez que platicábamos y bromeábamos, siendo nosotras mismas, sintiéndonos muy cómodas, pero luego volteé, vi la cámara y me pasmé por completo. «Son millones de ojos», pensé. «Millones». Más tarde, desde el sótano, Kris y yo escuchamos que desde arriba arrojaban un pedazo de concreto del tamaño de una pelota de softbol de un lado al otro de la habitación.

Eso definitivamente regresó mi atención a los fantasmas.

La casa antes era una mansión, que luego se convirtió en un sanatorio donde murieron cientos de personas, y definitivamente estaba embrujada. En esa misma investigación, Grant experimentó lo que llamó la *voz incorpórea* más fuerte que jamás había escuchado. En ese lugar había un hombre que decía: «Me gusta el del sombrero», refiriéndose a Jay. La casa había estado vacía durante décadas antes de convertirse en una casa embrujada. Todd Wolfe, el propietario que llamó a TAPS (así como a otros programas paranormales como *Ghost Adventures* y *The Dead Files*), trató de convertirla en una posada llamada Wolfe Manor; buscaba incluir a los fantasmas como un atractivo adicional, pero el edificio finalmente fue clausurado y demolido.

Después de esos dos casos, Jay y Grant dijeron:

—Vamos a San Diego, ¿quieres venir?

Así que dejé mi auto en la casa de mi abuela y me fui con ellos. Realmente nunca volví a casa después de eso. Me la pasé viajando con *Ghost Hunters* durante siete años.

En la notificación de renuncia en mi trabajo le dije a la persona de recursos humanos que me iría a cazar fantasmas en un *reality show* para televisión. Recuerdo a esa mujer mirándome como si yo estuviera completamente loca. Pero ese fue el comienzo. Tenía el presentimiento de que si hacía *Ghost Hunters* se me abrirían otras puertas. Pensé que tal vez el programa duraría una o dos temporadas (vaya que lo subestimé), y que yo iba en camino hacia otra cosa. Pero ese programa me llevó por una senda en la que terminé pasando mucho tiempo en Nueva Inglaterra, donde finalmente conocí al padre de mi hija, y ahora tengo a Charlotte. Tendría que decir que sí, ese día fue el impulso con el que di un paso a una nueva parte de mi vida que tal vez habría sucedido de otra manera.

—Cuando entró Amy, finalmente sentí que yo pertenecía a ese programa —dijo Kris—. Ayudó bastante que ella hubiera estado involucrada en ese tema desde mucho antes que yo fuera de la televisión.

»Nos tomó un poco de tiempo encontrar un equilibrio, pero una vez que lo hicimos, estuvimos bien —agregó.

A mí me encantaba la historia y la parte de investigación, y tiempo después asumí el papel de investigadora principal en *Ghost Hunters*, pero en ese momento Kris ocupaba ese puesto en el programa. Yo sumaba a su trabajo cuanto podía, pero su deber era profundizar en la historia y buscar en los registros para ayudarnos a guiar nuestras investigaciones, que eran en vivo. Al principio yo estaba más en el lado tecnológico de las tareas. A pesar de eso, ambas teníamos nuestros roles y complementábamos nuestro trabajo una con el de la otra. Algo en lo que a menudo no lográbamos coincidir era en nuestro nivel de escepticismo. Kris siempre fue *mucho* más escéptica que yo, buscaba todas las explicaciones posibles, y luego dudaba de lo que veía. Yo estaba más dispuesta a creer en lo extraño por lo que ya había atravesado en mi vida. Por ejemplo, ambas veíamos una sombra de dos metros y medio caminando en una habitación y las dos reconocíamos que había sido nuestra experiencia, pero después ella estaba menos segura de haber visto algo.

—Amy es mucho más creyente y yo no lo soy tanto —dijo—. Siempre me han gustado mucho los hechos, los registros y las pruebas consistentes, y lo paranormal no es algo que yo sienta que se puede comprobar sólidamente. Por lo general tomábamos un caso y yo narraba la historia, y luego hablábamos sobre lo que se afirmaba en esa narración. Después, dependiendo de la afirmación, ella explicaba qué tipo de tecnología usaríamos y por qué lo haríamos así.

Me uní al programa cuando estaba en su punto más popular. Antes de que existiera la transmisión de televisión por *streaming* y las grabadoras de video digital, la gente veía el programa religiosamente, todos los miércoles, por la noche, a las 9 p. m. Tuvimos un promedio de casi tres millones de espectadores por episodio, y nuestro programa fue consistentemente de los más exitosos. La gente esperaba formada durante horas para obtener un autógrafo del reparto de *Ghost Hunters* en eventos. En los primeros casos, cuando me uní a ellos, nadie sabía quién era yo, así que vi de cerca que eran tratados como estrellas de rock. Cuando estábamos descargando equipo en algún hotel, la gente venía corriendo y gritando para verlos y conocerlos. Mientras, yo pensaba: «¿En qué me metí?».

Hice siete temporadas de *Ghost Hunters*, con un total de 119 episodios. Fue un viaje muy loco. En ocasiones nos quedábamos despiertos toda la noche investigando, dormíamos todo el día y luego volvíamos a desvelarnos. Siempre le digo a la gente que viajar con TAPS era como estar en una banda, pero sin nada de sexo, drogas ni rock and roll.

Si hubiera dicho que no y no hubiera tomado esa extraña oportunidad, probablemente estaría en el norte de California, todavía estaría cazando fantasmas como un pasatiempo y aún estaría muy enamorada de eso. Creo que di ese salto porque era el momento perfecto para alejarme de mi pasado, en Sacramento, y comenzar un nuevo capítulo en mi vida. Pero nunca hice nada con la intención de volverme famosa ni de estar en televisión. Todo lo anterior es lo que me hace reflexionar cuando veo los videos de personas que hacen cosas peligrosas, como intentar un exorcismo o una «invocación al diablo». Están jugando con cosas que no entienden, y parece que lo hacen para intentar conseguir sus 15 minutos de fama, pero esas acciones podrían tener consecuencias profundamente alarmantes.

La mayor parte del tiempo, estar en el programa era algo genial, aunque también podía volverse muy estresante. Es cierto que había tensión en el equipo y luchas internas ocasionales, que en su mayoría sucedían porque las personas intentaban proteger sus puestos y defender su antigüedad. También hubo amenazas constantes de que me despedirían. Pero mientras más negatividad recibía, más me impulsaba a seguir adelante.

—Es una dinámica extraña porque todo el mundo trabaja en conjunto, y básicamente vivíamos juntos —dijo Kris—. Era algo bastante intenso.

Kris y yo también leímos demasiadas críticas que la gente hacía sobre nosotras en internet, y las tomamos muy en serio. Hoy en día estoy acostumbrada a que la gente sea… digamos, «muy poco agradable» en línea, pero en ese entonces nos afectaba de verdad. Aunque había suficiente gente amable diciendo cosas buenas sobre nosotras y el programa, escuchábamos mucho más lo negativo que lo positivo.

Pienso que todo lo anterior es la razón por la que nunca tengo una buena respuesta cuando la gente me pregunta cómo convertirse en investigador profesional. Hay tal vez algunas docenas de personas que hacemos esto como un trabajo de tiempo completo, pero, en cualquier evento, con frecuencia escucho a más personas decirme que quieren tener un trabajo como el mío. Lo escucho en especial de los adolescentes que sueñan con convertirse en cazafantasmas «reales». Desearía tener una forma infalible de ayudar a guiarlos hacia este tipo de vida. Pero me tomó años de trabajo muy, muy duro, y que casi todos me dijeran que estaba loca, antes de que pudiera lograrlo. Incluso en este punto, no sé si es algo que podré mantener para toda la vida. Por eso siempre digo que es un pasatiempo y no una profesión. Si tienes mucha suerte, podría convertirse en un trabajo formal para ti. Pero, honestamente, deberías tener un plan de respaldo.

El equipo de TAPS me mantuvo alerta, eso es seguro; lo bueno siempre superaba a lo malo. Estoy muy agradecida por la oportunidad que me dieron, y todavía estoy en contacto con muchos de sus miembros. Recorrimos juntos un largo camino, y acabamos en buenos términos. Kris sigue siendo una gran amiga mía. Es la persona más leal que he conocido, y la habitante de Nueva Inglaterra más fiel a su palabra que jamás alguien pueda encontrar. Ella continuó en *Ghost Hunters International*. Finalmente, cuando el programa terminó en 2016, Grant inició un renacimiento de *Ghost Hunters* en una nueva cadena de televisión, y Jay, Steve y Dave Tango se fueron a *Ghost Nation*.

Cuando Adam entró al programa en 2010, viniendo de *Ghost Hunters Academy*, enseguida hicimos clic. No había nada de la competencia ni de la tensión que había sentido con otros en el mismo ámbito. Éramos completamente nosotros mismos, y no nos preocupábamos por nada más.

Trabajamos todo el año, estábamos en carretera durante trescientos días. En cada episodio hicimos al menos dos investigaciones, por lo que estamos hablando de cientos de historias a lo largo de los años. Y cada vez que encontrábamos evidencia, el EVP más común que obteníamos era «Ayúdame». Muchas veces tuve que alejarme de espíritus que necesitaban ayuda, pero no pude brindárselas. Desde que cambié el enfoque de mis investigaciones para encontrar el *porqué* y no solo el *qué*, he visto diversos casos en los que los fantasmas necesitaban apoyo porque no sabían dónde estaban ni qué les había pasado. A veces solo querían ayuda con asuntos pendientes. Otras veces solo pedían que los recordaran. Pero también hubo ocasiones en las que escuchaba espíritus llorando y no tenía tiempo para ayudarlos. Teníamos un calendario de producción que cumplir y aviones que tomar porque nos necesitaban en nuestra siguiente ubicación. Fue entonces cuando realmente comencé a cambiar los procesos. No podía seguir abandonándolos como tuve que dejar a las enfermeras en Waverly Hills.

Aquel día se me rompió el corazón y a Adam también, de la misma manera. Es por eso que, en definitiva, ambos pensamos que podría funcionar para nosotros ir juntos y encontrar nuestro propio camino en lo paranormal. Era hora de ir a poner en práctica nuestra filosofía.

Los fantasmas del Biltmore Hotel

Al inicio de *Ghost Hunters* me registré en Providence Biltmore, que ahora es Graduate Providence, en Rhode Island. Nos íbamos a quedar ahí todo el tiempo para grabar el programa. Me dieron la llave en la recepción, y el botones me acompañó porque llevaba ya cuatro semanas de viaje, así que tenía un montón de equipaje.

Llegamos a mi habitación y probamos la llave; funcionó, pero la puerta estaba cerrada por dentro. Lo intentamos un par de veces y la puerta seguía sin ceder. Él dijo: «Mmm, eso es extraño». Así que tocamos varias veces, pero no había nadie adentro.

El botones bajó a buscar una llave maestra. Yo estaba parada en la puerta, esperando a que regresara, cuando escuché que el teléfono comenzaba a sonar en esa habitación. Simplemente sonó y sonó y sonó. El botones regresó después de mucho tiempo, diciendo que no podía encontrar al encargado de mantenimiento con la llave maestra.

—Los escuché llamando y llamando para ver si había alguien ahí —dije.

—No le dije a nadie lo que estaba pasando —dijo—. Nadie llamó.

Yo pensé: «¿Qué?».

Entonces él dijo:

—Voy a ir a buscar a alguien otra vez.

Y yo dije:

—¿Sabes qué? Probemos con mi llave de nuevo.

Esa vez, la llave funcionó. Abrimos la puerta y no podíamos creer lo que vimos.

Todos los cajones estaban abiertos, de la cómoda, de la mesita de noche, de todas partes. La puerta del armario también estaba abierta de par en par.

Era *tan raro*.

Los dos habíamos probado abrir esa puerta. Se volteó para mirarme y estaba tan blanco como un fantasma. Él había visto la chapa. Ambos la habíamos visto. Empujábamos la puerta para abrirla y la chapa la detenía. Y yo me dije: «Bueno, muero de ganas de quedarme aquí durante la próxima semana y media».

No pasó nada después de eso, pero definitivamente fue un momento de adrenalina.

Cuando los fantasmas mueven muebles así, creo que es solo una señal, una forma de decir: «Oye, estamos aquí. Solo para que lo sepas». Yo haría eso. ¿Te imaginas tener todas esas sillas apiladas como en *Poltergeist: juegos diabólicos?* Dejar cosas fuera del camino que no deberían estar fuera del camino. Es una señal clara de que algo que no se puede ver ahí está. Cualquiera pensaría: «Sé que yo no hice eso». Excepto yo. De hecho, dejo los gabinetes abiertos todo el tiempo. Eso vuelve loca a la gente.

Capítulo 4

Y NO AYUDAMOS A NADIE A CRUZAR (NUNCA)

UNA DE LAS RAZONES por la que me sentí lista para dejar *Ghost Hunters* es que acababa de dar a luz a mi hija, y una vida dedicada a la carretera ya no era viable para mí. Pero también llegué a un punto en el programa en el que sentí que había aprendido y crecido tanto como podía, y estaba preparada para un cambio. No fue porque tuviera algo en contra de las personas con las que trabajé; al contrario, todos habíamos llegado a un mejor lugar para ese momento, pero querer estar en casa con mi hija, además del hecho de que sentía que necesitaba expandir mis horizontes, fue suficiente para cerrar ese capítulo.

Kindred Spirits ni siquiera era un objetivo cuando me fui de *Ghost Hunters*. Pero cuando a Adam y a mí se nos ocurrió el concepto y se presentó la oportunidad, una posibilidad con menos viajes y con un horario que podíamos controlar, ambos supimos lo que queríamos hacer. Aunque, claro, había más trabajo por hacer. Lo he dicho antes, y lo seguiré diciendo hasta el cansancio: los fantasmas también son personas. Para mí eso no significa que solo vamos a descubrir quiénes son y por qué todavía están aquí, para después ayudarlos a seguir adelante y encontrar la paz. Para mí eso significa respetar su libre albedrío, en la medida en que aún lo tengan y, lo más importante, respetar sus creencias personales.

Es por eso que nunca intentaré ayudar a cruzar a nadie, y nunca apoyaré la idea de que está bien hacerlo.

La idea de querer ayudar a alguien a cruzar hacia el otro lado o decirle a una persona que «vaya hacia la luz» siempre me ha parecido ofensiva. No los estamos escuchando, no estamos tratando de ayudarlos, solo estamos diciéndoles qué hacer. ¿Por qué tendríamos el derecho o el poder de decidir eso por otra persona?

Cuando escucho a alguien hacer eso, siempre pienso: «Ni siquiera sabes lo que está pasando». «Adelante, puedes ir a la luz», dicen. Lo he escuchado tantas veces. Parece tan presuntuoso acercarse y comenzar a hablar con estos fantasmas como si tuvieran 3 años, como si hubiera una gran luz brillante detrás de ellos todo el tiempo y nunca hubieran pensado que podría ser una buena idea ir a verla de cerca. ¿Y si no hay luz? ¿Y si no hay nada? La realidad es que nosotros los vivos nunca lo sabremos. La gran mayoría de las personas no tiene idea de lo que sucede después de que muere, ni siquiera cómo es el otro lado (hay excepciones, por supuesto, y son aquellos que han tenido experiencias cercanas a la muerte o personas, como Chip Coffey, que realmente pueden comunicarse con el otro lado).

Me encanta la idea de ayudar a alguien que, ya sea por elección o por las circunstancias, se ha quedado atrás. Mi teoría, y realmente es solo una teoría, porque no hay una manera definitiva de probar nada de esto, es que las personas se quedan atrás porque tienen una razón para hacerlo. Ellos sintieron que había algo que no podían dejar. Es la idea clásica de los asuntos pendientes. Para mí, si los ayudamos con aquello que necesitan y transmitimos su mensaje, el resultado lógico sería que sientan que pueden continuar su camino. No se trata de hacer el trabajo por ellos. Los estamos ayudando a hacer el trabajo, y así los fantasmas pueden tomar sus propias decisiones.

Antes de seguir discutiéndolo, me suscribo totalmente a la teoría de que el objetivo de la investigación paranormal es, primero, encontrar evidencia de fantasmas; y, segundo, hacer que avancen. Y si además tuve un buen susto, mejor aún. Pero ya no intento hacer eso. He visto con mis propios ojos que los fantasmas existen, y me he asustado lo suficiente como para que la impresión me dure toda la vida. En algún momento solo pensé: «¿Por qué somos tan egoístas al pensar que sabemos lo que necesitan?». Fue así que comencé a preguntarles qué era lo que querían y realmente comencé a escuchar, porque deseaba ayudarlos.

Cuando Adam y yo ideamos *Kindred Spirits*, queríamos contar la historia de cada espíritu que nos encontrábamos. Queríamos averiguar quiénes eran y, más aún, por qué seguían aquí. Y casi siempre hemos encontrado una razón.

—Creo que hemos traído al ámbito un nivel de compasión que siempre estuvo ahí, pero lamentablemente los programas desde luego no se enfocaban en eso porque no pensaban que fuera divertido verlo —dijo Adam Berry—. Pienso que hay algo bueno en tratar a las entidades con respeto, comprensión y empatía.

Él describe nuestro estilo como si fuéramos invitados a una fiesta en la que no conocemos a nadie más.

—No entrarías diciendo: «OYE, HÁBLAME». Entrarías y dirías: «Hola, este soy yo. Esta es la razón por la que estamos aquí. ¿Cómo estás?».

En la segunda temporada de *Kindred Spirits*, Delanne y Wayne nos pidieron que fuéramos a investigar su casa en Somersworth,

Nuevo Hampshire. Sentían que sus tres hijos estaban siendo amenazados por una presencia oscura. Sus dos hijos varones habían tenido la sensación de que algo los asfixiaba por la noche, y su hija vio la sombra tenebrosa de un hombre en su cuarto. Consideraban que su casa no era segura y querían saber qué estaba pasando y cómo solucionarlo.

La casa estaba cerca de la residencia de Joseph Kelley, un infame asesino que degolló a un cajero en el banco local, hace más de un siglo. Debido a la naturaleza aparentemente maliciosa del fantasma, pensamos que podría haber sido Kelley. También pensamos que podría haber sido el espíritu del hermano de Delanne, quien había fallecido hacía muchos años. Pero cuando intentamos hablar con ellos, ninguno respondió.

Sin embargo, teníamos otra pista. Wayne había descubierto una lápida en el patio trasero de la casa, estaba a más de un metro bajo tierra. La tumba pertenecía a Hollis B. Corbett, un veterano de la Primera Guerra Mundial que había muerto en 1946. Lo investigué y descubrí el formulario de pedido para la lápida que su esposa había llenado hacía más de setenta años. Sin embargo, la piedra sobre su tumba no reflejaba lo que ella había escrito. Decía: «Hollie B. Corbett».

No sé tú, pero si mi lápida tuviera un error tipográfico, yo estaría *molesta*.

Una vez que encontramos esa información, teníamos una pista sólida para seguir en las investigaciones de esa noche. Hablamos con el señor Corbett sobre su hija, quien había muerto joven, lo que explicaba por qué estaba tan interesado en la hija de Delanne y Wayne. En cuanto a los hijos, creemos que pudieron haber estado experimentando parálisis del sueño. En el episodio hablé con un psicólogo que se especializa en trastornos del sueño, quien confirmó que sus síntomas concordaban con ese problema en particular.

También obtuvimos algunos EVP que nos indicaron que el señor Corbett podría no estar tan feliz de que su lápida fuera incorrecta. Cuando le pregunté si había muerto a los 49 años, no perdió el tiempo en decirme que me equivoqué en mi cálculo matemático. «Cuarenta… y ocho», respondió.

Con esta información, Adam y yo estábamos bastante seguros de lo que tenía que suceder para permitir que el señor Corbett encontrara algo de paz. Esa lápida del patio trasero, que había sido rescatada de un montón de escombros por el anterior dueño de la casa, necesitaba ir al cementerio, adonde pertenecía. Delanne y Wayne estaban muy aliviados de saber que la entidad que estaba en su casa no era maliciosa.

—Hollis, sé que has estado tratando de comunicarte y nunca supe lo que querías hasta ahora —dijo Delanne—. Ya que lo sé, me aseguraré de que ocurra. Me cerciorare de que tu lápida llegue al lugar al que pertenece. En este momento somos tu familia y vamos a cuidarte bien.

—Nosotros, como seres humanos y dueños de nuestra vida, tenemos razones para hacer ciertas cosas —opinó Adam—. Si queremos algo, lo conseguimos porque lo necesitamos. ¿Por qué cambiaría eso en el más allá? Si alguien todavía está por aquí porque tiene asuntos pendientes y hay una razón para que su existencia aún no llegue más allá de este universo, ¿por qué no tratar de averiguar qué es y dárselo?

John E. L. Tenney, un erudito de lo paranormal y del ocultismo, que a menudo asiste a los eventos de Strange Escapes con otros «raros», como nos llama cariñosamente, cree que la idea de hacer cruzar a la gente al otro lado es imposible debido a la psicología humana.

—Si tenemos dificultad para comunicar y comprender las ideas de las personas físicas que están sentadas frente a nosotros —dijo John—, mucho más para tratar de determinar los medios, motivos, pensamientos y deseos de una persona (o lo que era una persona) que no podemos ver.

»Mi creencia es que hay demasiado que no sabemos sobre el más allá para tratar de decirle a alguien lo que debería estar haciendo en él. No sabemos en qué plano existen esas entidades; no sabemos cuánto tiempo llevan ahí ni cuánto planean quedarse; no sabemos si quieren avanzar hacia otro sitio. Más que eso —explicó—, no podemos afirmar que las personas deben ir a la luz porque no sabemos nada sobre sus creencias.

»Si aún llevan consigo algo que permanece atado a su espiritualidad física —añadió—, no tenemos idea de cuáles serían sus creencias espirituales.

Entonces, si una persona está intentando usar una forma judeocristiana para ayudar a un espíritu a salir, como el decirle que vaya a «a luz», ahí hay un problema inherente.

—Porque desconoces si esa persona era mormona, budista o adventista del séptimo día —agregó—. ¿Por qué te escucharían? Usar referencias bíblicas o textos religiosos que crees que funcionarían no significa que vaya a servirles a ellos.

La mayoría de las culturas tienen una versión sobre el cielo a la que puede trasladarse un espíritu, pero el concepto de «la luz» no siempre se ha asociado con el cielo. Esta idea fue llevada al frente del pensamiento espiritual cristiano por Emanuel Swedenborg en el siglo XVIII, explicó John.

—Él hablaba de que hay niveles en la realidad, que este es solo un sector de existencia, y que hay uno encima de este, y otro encima de ese. Cada ente progresa espiritualmente hasta que alcanza lo que podría considerarse la «mente universal trascendente», en la que el espíritu individual se reúne con su fuente original.

»Cuando el espiritismo se propagó en el siglo XIX en Estados Unidos, una de las mayores influencias sobre esa idea de la luz fue Andrew Jackson Davis —agregó—. Él escribió un libro sobre la «tierra de verano». Ese era un mundo brillante, siempre, eternamente, lleno de sol, al que van los espíritus. Como fue lo bastante elocuente al explicar las ideas de la tierra de verano, la idea del cielo iluminado, al que van los espíritus, realmente se propagó en Estados Unidos y se ha afianzado desde entonces.

De la misma manera que no podemos conocer sus creencias personales, los vivos tampoco pueden entender las circunstancias exactas de la existencia de una entidad en este plano, o saber cuál ha sido su viaje después de la muerte. John cree que es posible que los fantasmas continúen creciendo y evolucionando con el tiempo, de la misma manera que nosotros lo hacemos, incluso si la persona murió joven.

—Todo en la naturaleza evoluciona —dijo—. Entonces, cuando alguien muere y pasan cincuenta o cien años, ¿sigue siendo la misma persona que era al momento de morir? ¿O sus ideas sobre la naturaleza de la realidad y sobre lo que sucede después de la muerte cambiaron ahora que ya murió?

Si seguimos ese orden de ideas, nosotros no estaríamos hablando con un chico de 15 años que murió hace cien años. Más bien estaríamos hablando con alguien que tiene 115 años.

—Solo podemos hacer hipótesis, pero parece una muy buena idea el hecho de que una vez que hayamos aprendido a experimentar el universo fuera del plano físico, nuestros conceptos sobre la espiritualidad, sobre la naturaleza de la realidad, sobre la vida y la muerte, cambiarán porque ya no nos preocupa morir.

También podríamos estar lidiando no con el espíritu consciente de una persona, sino con energía residual que ya no tiene conciencia. John llama a eso «el registro de una persona». En ese caso no importa cuánto conversemos, esto no ayudará en nada porque la entidad ya no puede entendernos.

Personalmente, he visto espíritus presentes en ambos estados. Creo que la teoría de John de que los espíritus evolucionan tiene mucho sentido, pero conforme he investigado a lo largo de los años, he visto indicios de que pueden aparecer con diferentes edades y formas.

Lo importante que debemos recordar cuando teorizamos sobre los fantasmas es que ni siquiera sabemos qué son los fantasmas en el sentido técnico. Un día podría haber evidencia sólida que conduzca a conclusiones justificadas y una explicación científica concreta del porqué están aquí. Pero ese día aún no llega, aunque podría presentarse en el futuro. Por lo que sabemos, podría haber algún tipo de distorsión temporal de la física cuántica y es por eso que aparecen con diferentes edades y en todas las épocas. El tema de la edad hace que surjan preguntas realmente interesantes debido a las inconsistencias en cuanto al momento y la forma en los que aparecen.

Para nuestro primer caso en *Kindred Spirits* fuimos a una casa en Little Meadows, Pensilvania. Catherine y su hija Mary vivían en una cabaña, en lo profundo del bosque, y sentían que su hogar estaba embrujado. Mary a veces se despertaba con rasguños en las piernas. Un día Catherine llegó a casa y descubrió que una lámpara había sido arrancada de la pared, y habían quedado vidrios rotos y fragmentos de madera por todas partes. Los muebles se movían sin razón. En una ocasión, Catherine se despertó y vio una figura sombría, del tamaño de un niño, que estaba de pie sobre ella. En definitiva no se sentían seguras en su propia casa.

Catherine pensó que podrían ser miembros de la familia: su yerno había muerto inesperadamente y su propio hijo, Adam, había fallecido cuando solo tenía cuatro días de edad.

—Si no es mi familia —preguntó Catherine—, ¿por qué eligieron mi hogar?

El antiguo dueño de la propiedad, Fred Ashcraft, tenía una hija llamada Lucinda que murió a los 3 años de la manera más horrible que alguien se pueda imaginar. La pequeña caminó directamente hacia una cuchilla en movimiento, en el aserradero familiar, que la cortó por la mitad. Fue absolutamente desgarrador. La historia me impactó, en especial porque Charlotte tenía la edad de esa niña cuando visitamos la casa.

Buscamos muchas vías diferentes de investigación para este caso que no salió al aire. Pensamos que podrían ser soldados de los campos de batalla cercanos, pero no había registro de actividad militar en la propiedad. Encontramos lo que sospechábamos que era un túmulo funerario de nativos norteamericanos, así que trajimos a un chamán, pero él no encontró ninguna evidencia de espíritus que aún permanecieran ahí.

Cuando le pedimos a Catherine que participara en la investigación, ella dijo:

—Adam, si estás aquí, dilo, te siento todas las noches.

Escuchamos un EVP claro: «Adam». Cuando le preguntamos cuántos años tenía, la respuesta fue: «33».

—Adam habría cumplido 33 este año —recordó Catherine.

No teníamos idea de lo que pasaba, pero todos teníamos escalofríos.

—Siempre supe que estaba aquí —dijo Catherine.

Aun así, no estábamos convencidos de que toda la actividad proviniera de un familiar amoroso. Pensamos que Lucinda podría estar en la casa, pero teníamos problemas para comunicarnos con ella. Finalmente, le pregunté:

—¿Estás perdida?

—Sí.

—¿Eres una niña?

—Sí.

Y cuando le preguntamos por su nombre, nos dijo «Lucy».

La idea de que el espíritu de una niña pequeña asustada estaba en esa casa y no sabía adónde ir o qué hacer fue mucho para procesar. Una de las cosas que las mujeres habían notado era actividad en un banco de juguete en la entrada de la casa. Dicho banco tenía pegada una pequeña hoja de sierra circular, que se podía girar con la mano, y a menudo giraba sola incluso cuando no había nadie cerca.

Pero ¿por qué su hijo pequeño se quedó en su casa y creció hasta convertirse en un hombre de 33 años, mientras la niña se quedó de 3 años para siempre? No lo sabemos a ciencia cierta. Podría estar relacionado con el trauma que rodea cada muerte, pero también podría ser que los espíritus puedan elegir en qué estado existir. John Tenney cree que es posible que a medida que pasa el tiempo, incluso como espíritu, «se aprenderán cosas si se continúa en ese camino de crecer e informarse». Tal vez Adam quería aprender y crecer, así que eligió envejecer. Y tal vez la pequeña Lucy no pudo vivir el resto de su infancia, por lo que quería seguir siendo una niña para siempre. Preguntas como esta son la razón por la que me encanta investigar. Siempre hay cosas nuevas que aprender y nuevas ideas para reflexionar.

—Lucinda, si estás aquí, si tú estás en mi habitación, puedes salir al resto de la casa y unirte a nosotros si eso te hace sentir feliz y cómoda —dijo Catherine—. Y si ves a mi hijo, siéntete libre de interactuar con él.

Desde que nos fuimos, Catherine me contó que no ha experimentado ninguna actividad que considere amenazante. Creo con firmeza en el método que Adam y yo usamos en *Kindred Spirits*, porque lo he visto funcionar muchas veces.

Hay una gran cantidad de hechos sobre la vida y el más allá que no conozco. Con toda honestidad, no sé siquiera qué es un fantasma en términos prácticos. Trabajo completamente a partir de teorías y experiencias (y tengo muchas), pero no tengo datos concretos sobre qué son estas entidades paranormales o sobre las razones por las que están aquí. Lo que sí sé es que soy capaz de desenterrar información real sobre ciertos momentos en la historia que podrían relacionarse con la actividad que ocurre en un lugar.

Las personas que nunca han realizado investigaciones profundas por lo general no se dan cuenta de que llegar al fondo de un misterio como el anterior implica *muchísimo* trabajo. Significa pasar varias noches indagando, rastreando y conversando con personas que tienen conexiones con el caso, así como pasar horas y horas revisando registros antiguos en las bibliotecas y en las sociedades históricas. También conlleva hacer un montón de preguntas en cuartos oscuros, y estar siempre en riesgo de meterse en la madriguera equivocada y tener que empezar de nuevo.

Pero una vez que se logra obtener ese nombre o evento, o algo que desencadene una actividad que te asegure que estás en el camino correcto, puedes comenzar a desarrollarlo. Lo más importante es poder encontrar la respuesta, sin importar qué es lo que el espíritu o la persona está intentando transmitirte. Se vuelve algo muy emocionante, porque has resuelto el rompecabezas; pero al mismo tiempo sabes que ayudaste a aliviar esa inquietud. Después de eso, la mayoría de las veces los fantasmas se irán o la actividad disminuirá en gran medida. Por ejemplo, si alguien nos llama porque no se siente seguro en su propio hogar, pero después de que hicimos nuestro trabajo las cosas que hacían que esa persona se sintiera temerosa ya no suceden, esa es una victoria para nosotros. Jamás sabré si el fantasma da el siguiente paso o hacia dónde va. Lo que sí sé es que cuando vi que este método funcionaba una y otra vez, me convencí de que este era el camino que debía seguir. Así que nunca he extrañado las viejas prácticas.

Tanto los fanáticos como los detractores me preguntan con frecuencia cómo tengo certeza de que he ayudado a las personas a largo plazo. En definitiva no sé si lo he hecho en todos los casos, pero muchas personas con las que trabajé en el pasado se mantienen en contacto conmigo. Muchas veces me buscan y me cuentan cómo van las cosas y si ha habido más actividad desde que investigamos. Estas personas suelen ser mis mayores defensoras en las redes sociales. Cuando la gente trata de decir que no estoy haciendo bien las cosas, o que me estoy aprovechando de las personas cuando buscan una solución, alguien a quien he apoyado en el pasado interviene y dice: «En realidad mi vida cambió después de eso» o «Fueron las únicas personas que me ayudaron cuando no tenía con quién más acudir».

Delanne y Wayne son este tipo de personas. Cuando los enemigos surgen en las redes sociales ellos dos salen a defenderme, muy seguido. Cuentan que ahora su casa es un lugar más seguro desde que ayudaron a su fantasma a encontrar una solución. Esos comentarios hacen que todo lo que hago valga la pena. Siempre habrá personas que digan cosas terribles en internet, pero si hay otras que dicen que se sienten más seguras y protegidas, y que están dispuestas a hablar públicamente después de haber trabajado con ellas, eso marca una diferencia enorme para mí.

James Gagliano, coproductor ejecutivo de *Kindred Spirits*, es la persona responsable de ayudarnos a elegir los candidatos finales para llevar a cabo una investigación. Aparte de Adam y de mí, él tiene el mayor contacto con las personas que nos invitan a sus hogares.

—Creo que lo que ofrecen Amy y Adam es un tipo de servicio doble —dijo James.

Por un lado, intervenimos y brindamos respuestas a situaciones sobrenaturales, y nos esforzamos en ello.

—Pero también se involucran y se reúnen con estas personas, que realmente no tienen con quién hablar sobre estos temas, ni otros lugares adónde acudir. Amy y Adam llegan, las escuchan, les creen y las ayudan. Combinar estas respuestas con su comprensión y aceptación, puedo confirmarlo, pues lo he visto con mis propios ojos, es algo que de verdad favorece a muchas de ellas.

Tal vez, en el futuro, mis pensamientos sobre la mejor manera de investigar y mi estilo podrían evolucionar. Por ahora siento con toda certeza que esto es lo que brinda los mejores resultados. Lo he visto funcionar demasiadas veces como para dudarlo. Es por eso que comencé a organizar conferencias y talleres sobre cómo profundizar en este formato de investigaciones, así como en las técnicas para llevarlas a cabo. Cuantos más investigadores puedan involucrarse con estas ideas, más espíritus inquietos podremos ayudar. Me encanta que tantas personas en el campo se aferren a este método y realmente intenten hablar con los espíritus y traten de auxiliarlos, en lugar de solo querer comunicarse con ellos, reunir pruebas y marcharse.

—Somos como terapeutas de fantasmas —dijo Adam—. Es curioso que lo diga, pero es que en realidad eso es lo que hacemos. Descubrimos que obtenemos más información haciendo eso que no haciéndolo, así que avanzamos en esa dirección, porque cuando se obtienen resultados no se debe retroceder.

Siempre estamos intentando hacer cosas diferentes (hablaré más de esto en el próximo capítulo, sobre algunos de los métodos de investigación más inusuales que hemos empleado), pero siempre buscamos usar la investigación y hablar con los fantasmas con respeto.

Adam y yo creemos que *Kindred Spirits* ha tenido una recepción tan cálida en el campo paranormal porque es el primer programa que realmente se conduce con empatía y se enfoca en ver a los fantasmas como personas.

—En definitiva fuimos el primer programa de televisión que propuso este tipo de investigación, nos enfocamos en tener un principio, un desarrollo y un final, en los que se destaquen el cariño, la historia y la información —agregó Adam—. Ahora mucha gente ha adoptado este concepto: ¿cuál puede ser la resolución, y no solo el factor que da miedo? Algunos de los programas más antiguos en la actualidad han cambiado su guion.

¿Hay alguna otra razón por la que pienso que no es correcto tratar de hacer que la gente trascienda? Sí. Porque he visto que no funciona.

Recuerdo con gran claridad el momento en el que me di cuenta de que tal vez no estábamos cruzando a los espíritus al otro lado de la forma en la que creíamos. En lo personal nunca intenté cruzar a nadie, pero conocía a muchas personas que lo hacían, así que tenía mucha fe en esa idea. Simplemente pensaba que así era como se hacían las cosas, en especial porque muchos de los libros que leí y sus autores, de quienes tanto aprendí, seguían y se afiliaban a ese tipo de práctica. Así que nunca lo cuestioné. Sin embargo, tiempo después, tal vez en 2007, estaba investigando en Gettysburg, Pensilvania, y obtuve pruebas claras de que esa práctica no había funcionado.

El año anterior un buen amigo mío, que también es investigador, había estado en ese mismo lugar y creía que había cruzado espíritus al otro lado mientras estaba ahí. Él también tenía mucha credibilidad en el campo: había trabajado antes con la Iglesia, y yo había estado junto a él en momentos en los que aseguraba que estaba cruzando seres al otro lado. Pero, un año después de que este hombre había estado ahí y había hecho su trabajo, le hablé a las personas de esa casa, y me dijeron que la actividad solo había empeorado. Entonces me di cuenta: «Si no puede cruzarlos al otro lado, ¿qué pasa en realidad?».

Después de eso comprendí mejor el fenómeno. Entonces empecé a hacer preguntas cuando investigábamos. Y una y otra vez descubría casos en los que la gente decía que había llevado a un sacerdote, un chamán o un psíquico. Alguien entraba y afirmaba haber limpiado su hogar y eliminado la energía, y luego se iba. Al final no solo no desaparecería la actividad, sino que las cosas se intensificaban. Al unir todo lo anterior con la idea de que a lo largo de los años el EVP más común que obtengo es «Ayúdame» (bueno, tal vez empatado con «Sal de aquí»), pensé que decirles a los espíritus que se fueran, incluso con las mejores intenciones, no necesariamente resolvía el problema.

—Alguien dice: «Bueno, voy a cruzar a esta persona al otro lado». Y hacen lo que hacen y se lo creen. Su intención es que este ser desaparezca —dijo Adam—. Tal vez cuando emplean esa energía hacen que la entidad se disipe por un minuto o retroceda un poco del lugar en el que se encuentra, pero no pueden demostrar que en realidad los están enviando a alguna parte. ¿Dónde está la prueba de que eso sucede?

Él también ha visto muchos casos en los que la actividad se reanuda después de que pasó un corto tiempo.

—En cambio, sí tenemos evidencia captada de que cuando logramos dar una solución o un sentimiento de cierre a una entidad, o simplemente la escuchamos, descubrimos que la actividad disminuye o desaparece por completo.

Chip Coffey hace una distinción específica entre lo que son espíritus y fantasmas. En su opinión, los espíritus son entidades que han trascendido a lo que sea que sigue y eligen regresar de vez en cuando, por motivos propios, ya sea para visitar a sus seres queridos o para ocuparse de algo que sienten que no está totalmente resuelto.

—La esencia de lo que somos es nuestra alma —dijo— y nuestra alma abandona el cuerpo en el momento de la muerte.

Esa energía se libera. Y debido a que el libre albedrío no se erradica por completo, en el momento de la muerte tiene que tomar una decisión: ya sea que alguien elija no completar su transición para convertirse en espíritu o sí la haga y se vuelva uno.

Los entes que no hacen esa transición son los que él llama fantasmas.

Yo utilizo los términos indistintamente, pero creo que él hace una diferencia interesante. Chip cree que, en su mayoría, las entidades con las que nos comunicamos son espíritus a los que invocamos para hablar.

—Los espíritus pueden ir adonde ellos quieran —dijo—. Si estuviéramos entre la multitud y gritara tu nombre, obtendría tu atención.

Él piensa que los fantasmas son entidades errantes y terrenales. Por tanto, son los que tienen más problemas.

—He hablado con miles y miles de personas muertas —explicó— y la gran mayoría de los seres fallecidos con los que me he comunicado no son almas perdidas, ambulantes y atadas a la tierra.

La mayoría de los espíritus con los que habla ha hecho la transición con éxito.

—Algunos de ellos pueden estar dando vueltas por el plano terrestre más que otros, pero la mayoría de ellos han completado su transición a espíritu y de vez en cuando regresan de su dimensión para comunicarse con los vivos.

Pero incluso a los que se niegan rotundamente a irse, nunca trataría de forzarlos a cruzar al otro lado.

—Si siento que alguien está un poco estancado, le sugiero que, cuando esté listo, termine su transición —explicó Chip.

Él nunca le dirá a nadie qué hacer, y por supuesto no cree que tenga el poder de «empujar» a alguien a hacer una transición.

—Creo que se puede apoyar a un alma. Creo que se puede rezar por esa alma. Pero decir que vas a cruzar a esa persona al otro lado, y ahí termina todo, es una cuestión de ego total. Son solo mentiras.

Por muchas razones, incluyendo el hecho de que no podemos asumir que conocemos las creencias personales de un fantasma, no suelo incluir la religión en una investigación. Pero cuando las enfermeras de Waverly Hills me pidieron que orara por ellas, lo hice. Siempre rezaré por un fantasma que me pide que lo haga. Cuando Adam y yo volvimos a filmar un episodio de *Kindred Spirits* en la tercera temporada, tratamos de hablar con esas enfermeras de nuevo. Esa parte del sanatorio estaba cerrada debido a que había una construcción, por lo que tuvimos que pararnos afuera de la puerta que daba a ese pabellón, la cual estaba cerrada con llave. Intentamos hablar con las enfermeras, volver a comunicarnos con ellas, o al menos saludarlas y decirles que nos acordábamos de ellas. Pero ya no escuchamos ninguna respuesta.

—Esa primera interacción fue muy intensa y específica —recordó Adam—. Parecían muy ansiosas e involucradas con lo que estábamos haciendo.

No tuvimos que estar esperando sus respuestas. Contestaron de inmediato.

—Era casi como si esto fuera lo que habían estado anhelando —dijo—. Esto es lo que necesitábamos, solo que la gente escuchara.

Esa experiencia también fue la razón por la que decidimos comenzar a investigar ubicaciones más grandes en el programa. Al principio queríamos centrarnos solo en las familias y tratar de visitar lugares donde pudiéramos ayudar tanto a los vivos como a los muertos. Con el tiempo, sin embargo, empezamos a pensar en esas enfermeras, y en que de seguro había otros lugares como Waverly Hills donde los espíritus todavía estaban vagando, olvidados. Nadie les prestaba atención como personas. Esos fantasmas podrían tener familiares vivos que no tenían ni idea de lo que les estaba pasando. Y, justamente por eso, no son menos merecedores de nuestra ayuda.

Creo que, si hubieran querido, esas enfermeras podrían haber ido al otro lado del pasillo para hablar con nosotros el día que regresamos. No sabemos si esas mujeres no nos escucharon o si ya no estaban ahí. Me encantaría pensar que, después de orar por ellas, sintieron que podían seguir adelante. A veces pienso: «¿Y si el golpe que escuché sobre mi cama esa noche fue una de ellas diciéndome que por fin sentían que podían irse?». Me da escalofríos imaginarlo.

Identidad equivocada en el Mount Washington Hotel

El Hotel Mount Washington, en las Montañas Blancas de Nuevo Hampshire, es uno de mis lugares favoritos en la tierra. Charlotte y yo hemos pasado muchas vacaciones felices en este lugar, y Strange Escapes organiza un evento ahí cada otoño. Es un hermoso edificio histórico que queda de aquellos gloriosos días para los grandes hoteles de Nuevo Hampshire, cuando los habitantes adinerados de las ciudades de Nueva York y Boston se dirigían al campo, durante la temporada de verano, para tomar el aire fresco con el lujo que se vivía a principios de siglo.

Ya que amo intensamente ese hotel, es probable que no sea una sorpresa que te diga que está embrujado.

Demasiado embrujado.

Sin embargo, lo que pasa con el Mount Washington es que no da miedo. Si has estado en Disney, tal vez has visitado la atracción Haunted Mansion, donde hay «999 lugares encantados… pero hay espacio para 1 000». Este hotel se parece mucho a eso. He visto sombras al final de los pasillos, he hablado con innumerables espíritus, he investigado por todo el espacio, pero nunca me he sentido en realidad asustada ahí. Al preguntar a prácticamente cualquier miembro del personal si alguna vez ha visto un fantasma, casi siempre dirá que sí, pero pocas veces escucharemos decir que haya sentido miedo. Créeme cuando lo digo: he preguntado cientos de veces.

Parte de eso proviene de una gran apertura ante lo sobrenatural. El hotel se apoya en su historia de fantasmas. Fue construido en 1902 por Joseph Stickney, como un regalo de bodas para su esposa, Carolyn Stickney. Joseph, sin embargo, murió poco después de terminar la construcción. Carolyn, quien se casó con un príncipe y se convirtió en la princesa Carolyn poco después, continuó pasando sus veranos en el hotel por el resto de su vida. Ahora se rumora que es la más feliz porque es su lugar predilecto para aparecerse. Su habitación, que todavía tiene la cama con dosel, tallado en madera, con la que siempre viajaba, es el lugar notoriamente más embrujado de todos en el hotel. De hecho, he hablado con su espíritu en la Habitación de la Princesa. Y he oído historias de fantasmas sobre ese cuarto que le pondrían la piel de gallina a cualquiera.

Hasta el día de hoy, hay un lugar en el comedor preparado para la princesa Carolyn, con un letrero que dice que le guardan ese asiento en la cena todas las noches con la esperanza de que se una a ellos. Además, hay retratos de ella y Joseph Stickney colgados en el vestíbulo como tributo a los fundadores del hotel.

Bueno, hay un retrato de un Joseph Stickney, pero no el Joseph Stickney, dueño del hotel.

Cuando se hizo el encargo de las pinturas, la foto que usó el artista era de un hombre llamado Joseph Stickney, pero no era el hombre que construyó el hotel. El pintor usó por error una imagen de otra persona con el mismo nombre.

¿De quién es el retrato colgado en el vestíbulo del Mount Washington? Es del cajero del banco que fue asesinado por Joseph Kelley, en Somersworth, Nuevo Hampshire, cerca de la casa que investigamos que tenía una lápida en el patio trasero.

Que se atrevan a decirme otra vez que mi vida no es una larga historia de fantasmas.

Capítulo 5

LOS DETECTORES DE FANTASMAS NO EXISTEN

EN UNA OCASIÓN entrevisté a una escritora que sin duda estaba abierta a lo sobrenatural, pero que también pensaba que sabía más de lo que en realidad sabía sobre la caza de fantasmas.

—Entonces, ¿cuándo se usa un espectrómetro? —ella preguntó.

Sin ninguna expresión en la cara, la miré fijo y pregunté:

—¿Qué es eso?

—Mmm… ¿No es eso lo que usan para medir la presencia de los fantasmas para ver si en verdad están ahí? —respondió, como avergonzada.

—No —dije riéndome—. Eso no existe.[1]

---

[1] De hecho, sí existe algo llamado espectrómetro. Se utiliza para medir la luz en el espectro electromagnético. Ya había escuchado que la gente lo usa para buscar fantasmas, pero nunca he visto cómo lo hacen.

A pesar del incómodo comienzo, todo salió bien al final. Años después terminó ayudándome a escribir el libro que estás leyendo ahora mismo. Pero ese pequeño momento dijo mucho sobre lo que la gente piensa que sucede en una investigación, en comparación con lo que pasa.

Por mucho que me encantaría que la investigación paranormal real se pareciera a lo que aparece en *Los cazafantasmas* (y aunque las personas a veces se presenten en las casas que estamos investigando y pongan el tema musical de la película desde sus autos), no ocurre así en absoluto. No hay medidores de PKE para detectar la energía psicocinética, ni paquetes de protones para aturdir a los fantasmas, ni trampas para atraparlos y transferirlos a unidades de contención.

Cuando comencé a investigar, el equipo con el que trabajaba era muy importante para mí, porque mi objetivo inicial era demostrar que los fantasmas son reales. Me involucraba completamente en las investigaciones, miraba sin cesar mi cámara, tenía mi grabadora funcionando todo el tiempo y mi medidor K-II encendido. Es muy fácil quedar atrapado en todas esas cosas técnicas y perderse lo que sucede alrededor. Con el tiempo me di cuenta de que el equipo está ahí para apoyar la investigación, y no para dictar su curso. Todo depende de la preferencia personal (por ejemplo, antes investigué junto a John Tenney y el único equipo que usamos eran velas para medir las respuestas de cada espíritu) y qué tan cómodo se está con estos aparatos. En efecto, podríamos estar mirando por una cámara y perdernos una aparición de cuerpo completo que camina justo frente a nosotros.

—La clave para ser un buen investigador es la capacidad de lograr un equilibrio saludable entre vivir el momento y hacer un análisis imparcial —dijo Shawn Porter.

Él es investigador paranormal y es propietario de GhostStop, una empresa que fabrica equipos para investigaciones sobrenaturales.

—Hay que utilizar las herramientas de manera efectiva para hacer el trabajo, pero no dejar que nos impidan ver el proceso.

Él cree que el mejor análisis ocurre después de que termina la investigación.

—Durante la investigación tenemos una tendencia a centrarnos en el momento más crítico. Estamos enfocados en esa sala o en ese EVP —dijo Shawn—. Caminamos mirando las pantallas de nuestras cámaras y presionando los botones en lugar de ver la habitación frente a nosotros. Es mejor tomar esos momentos, documentarlos y revisarlos como un todo, una vez que la investigación esté hecha y completa. Nuestros sentidos habrán tenido la oportunidad de estabilizarse y entonces nos brindarán una visión más amplia del panorama general: una compilación general de la investigación.

Además de que la gente suele pensar que todos somos como *Los cazafantasmas*, la otra suposición que se hace es que los investigadores pueden percibir fantasmas, o que todos somos psíquicos. En realidad nos encontramos entre esas dos cosas. Para mí, el mejor método de investigación es simplemente sentarse, escuchar y observar. Creo que nuestra energía y la intención juegan un papel importante en el resultado de una investigación. Si vamos a un lugar muertos de miedo, es probable que tengamos una experiencia aterradora. Si vamos a observar y aprender, es posible que obtengamos un resultado mucho menos intenso, aunque no menos interesante.

A veces puedo sentir cuando la energía es correcta, en especial en las sesiones de EVP. Puedo saber cuándo estoy teniendo una buena comunicación, incluso aunque no pueda escuchar las respuestas de un fantasma al reproducir la grabación. Es casi como si pudiera sentirlo en el aire. Y también a la inversa; puedo decir cuando no está pasando nada. Es por eso que creo que la parte más importante al trabajar en un caso es usar nuestra intuición y experimentar el momento. Si conseguimos lo anterior, es fácil decidir qué herramientas nos ayudarán a obtener los mejores resultados. (Digo esto después de haber hecho miles de investigaciones. Al principio, por supuesto que vamos a estar obsesionados con nuestro equipo. Es muy divertido usarlo).

Cuando nos dirigimos a un caso lo primero que hacemos al elegir investigar un sitio es determinar la necesidad. ¿Es este un caso de personas vivas que buscan ayuda, o hay entidades en el hogar que la necesitan? A veces eso puede cambiar durante la propia investigación, pero nos gusta iniciar con una idea general. Después realizo una investigación de buena calidad sobre la casa y el área. Recopilo experiencias de personas asociadas con el lugar o cualquier cosa que pudiera haber resultado en una actividad paranormal.

Trato de recopilar la mayor cantidad posible de datos antes de comenzar, pero también sé que estaré ahí algunas noches y que el tipo de información que necesitaré evolucionará a medida que se desarrolle el caso. No siempre es posible realizar investigaciones que duren varias noches, pero insistimos en que así sea, porque no podemos ejecutar completamente un análisis de *Kindred Spirits* sin ellos.

A veces, en un mundo perfecto, el investigador puede retroceder una y otra vez durante un lapso de años y un caso se convierte en un estudio detallado. Uno de los ejemplos más famosos de un estudio paranormal intensivo es la investigación de Harry Price sobre la notoriamente embrujada Borley Rectory, en Essex, Inglaterra. Durante un tiempo, esa casa, construida en la década de 1860, fue conocida como la casa más embrujada de todo Inglaterra. Tenía una historia muy larga de intensas apariciones: había personas que veían carruajes tirados por caballos conducidos por jinetes sin cabeza y percibían una actividad similar a la de un *poltergeist*, que los arrojaba desde su cama. Price lo investigó durante mucho tiempo, y en 1937 alquiló la mansión campestre por un año con la intención de hacer un estudio a largo plazo.

Reclutó a un equipo de 48 «observadores oficiales» para que lo ayudaran a investigar diferentes extensiones al mismo tiempo. En su mayoría eran estudiantes y, debido a que eran tantos, Price tuvo que escribir un manual sobre cómo hacer una adecuada investigación y sobre sus técnicas. Ese manual se acreditó como la primera guía real acerca de cómo investigar lo paranormal (desearía que estuviera disponible ahora, pero no he podido encontrarlo). Price escribió muchos libros sobre sus hallazgos en Borley Rectory, que son fascinantes por sí solos y como ejemplos de las primeras investigaciones paranormales formales.

Para mí, la parte más interesante es que, durante ese año, uno de los espíritus que contactó el equipo dijo que quemaría la casa. Casi un año después, en febrero de 1939, la casa se incendió. El hombre que había comprado el edifico poco antes afirmó haber tirado por accidente una lámpara mientras desempacaba, pero la investigación posterior indicó que el fuego se había provocado deliberadamente. ¿Por el fantasma? ¿Quién sabe? El misterio nunca se resolvió.[2]

ORGANIZAR UNA INVESTIGACIÓN

La primera herramienta que me gusta usar cuando ingresamos a un nuevo espacio es una cámara fija, pero eso se hace incluso antes de que comience la investigación. Me gusta documentar todo en el área, en especial donde se presenta el fenómeno.

---

[2] Adams, P., y E. Brazil (2010). «Borley Rectory». http://www.harrypricewebsite.co.uk/Borley/borley_into.htm. (Recuperado el 26 de junio de 2020).

Cuando reviso la evidencia más tarde y creo que veo algo extraño, ayuda mucho tener algún informe espacial del lugar, pues es fácil olvidar dónde se sitúan las cosas y es útil tener un marco de referencia para poder respaldarse.

Un consejo clave de Shawn: conocer bien nuestro equipo antes de acudir a investigar.

—Es conveniente tener las herramientas con las que nos sintamos cómodos, familiarizarnos con ellas antes de la investigación y luego configurarlas para que hagan su trabajo —dijo.

Configurar el equipo puede restarle mucho tiempo a la investigación misma si lo estamos probando por primera vez.

Otra razón: los fantasmas no siempre actúan en la misma línea de tiempo que nosotros.

—Los eventos pueden ocurrir en cualquier momento —afirmó—. Han sucedido mientras nos instalamos, durante una entrevista con el solicitante o mientras empacamos el camión. Como cualquier ser vivo y un ser inteligente, el fantasma no tiene por qué reaccionar porque se lo digamos o a la cuenta de tres. ¿Lo haríamos nosotros?

En lo personal, después de tomar fotos hago una búsqueda con un detector de campo electromagnético (EMF, por sus siglas en inglés: *electromagnetic field)*. Eso es para determinar si hay campos electromagnéticos fuertes dentro de la casa que puedan interferir con los aparatos electrónicos. Algunas personas también tienen reacciones cuando se exponen a los EMF, como insomnio, distracción o una elevada ansiedad, lo que podría afectar la forma en que están presenciando lo que sucede en su hogar; por ello es útil saber si esto es un problema potencial.

Después de eso configuro mis cámaras estáticas. Estas toman video de manera continua sobre lo que sucede en diferentes áreas. Ese es un gran apoyo cuando estoy investigando en una habitación y escucho un ruido en otra: puedo regresar y revisar ese material para ver si apareció algo en la pantalla.

Cuando estoy lista para comenzar a investigar, me gusta tener todo mi equipo cerca, por si lo necesito, pero no en mis manos. Me gusta que todo suceda lo más natural posible. No quiero entrar en una habitación y empezar a hablar con los espíritus y tener los aparatos en las manos. Me distraen demasiado. No llegaría a tu casa con una cámara en una mano y una grabadora en la otra para decir: «Hola, mi nombre es Amy. ¿Cómo estás? Cuéntamelo todo».

Te quedarías pensando: «¿Qué le pasa?».

En las conversaciones iniciales tiendo a investigar simplemente a partir de la información que me brindan los propietarios: me centro en aquello que han observado y les pregunto quién creen que podría ser el ente. En la primera noche de un caso por lo general usamos solo grabadoras de mano para intentar capturar fenómenos de voz electrónicos, o tal vez una cámara con sensor de luz estructurada. Una cámara SLS utiliza la tecnología de los videojuegos que esquematizan el cuerpo humano. Cuando se dirige a un espacio vacío donde no hay personas vivas, puede captar entidades que no podemos ver y representarlas visualmente en una pantalla de la misma manera que representaría la acción humana en un dispositivo. Una vez obtuve imágenes de SLS de alguien saludando, por lo que pudimos determinar que había un veterano de guerra ligado al caso, lo cual el propietario no sabía. La clave, al principio, no es solo obtener nombres, sino observar las acciones de un espíritu, luego tomar esa evidencia y unirla con la historia y los hechos reales, y de ese modo tratar de reducir las posibilidades, para después determinar quién es el ente.

A partir de ahí investigamos más y, a veces, llevamos expertos externos, según la evidencia que logremos recopilar la primera noche de investigación. También elegimos qué instrumentos tecnológicos adicionales utilizaremos dependiendo de quién creemos que podría estar ahí. Lo que ocurre con el uso de tecnología y el seguimiento de diferentes métodos es que hacemos encajar cuatro o cinco días de investigación en los 44 minutos que dura la transmisión del programa. Intentamos diferentes estrategias con las que a veces no logramos obtener buenos resultados, por lo que no las mostramos. Con un tiempo tan breve en el que debemos ajustar la narrativa del caso, al final solo mostramos lo que sí funcionó.

—La misión principal de cualquier equipo que construimos o utilizamos para investigaciones es documentar y mejorar nuestros sentidos —dijo Shawn—. Hay algunas máquinas que se utilizan tan solo para optimizar y documentar el ambiente. Hay otros dispositivos que toman esta información y la interpretan con el único propósito de mostrarla en un formato que podamos percibir con más facilidad.

Hay ciertos dispositivos que podrían agregar capas adicionales al procesamiento de esos datos, pero podrían distorsionar la información que ya tenemos.

—La conclusión sería esta: debemos intentar cualquier cosa. Explorar y descubrir. Solo necesitamos tener conocimiento de lo que estamos presentando como evidencia.

EL ÚNICO EQUIPO TECNOLÓGICO ESENCIAL: UNA GRABADORA DE VOZ

Algo que siempre uso, sin excepción, es un dispositivo de grabación portátil para capturar EVP. De vez en cuando es posible que escuche la voz de un espíritu solo con mis oídos, pero es casi imposible tener una conversación larga, que en realidad brinde respuestas, de esa manera. Una grabadora de voz capta los sonidos que no podemos escuchar y después los reproduce para nosotros. También es muy útil poder regresar y escuchar los EVP más de una vez para tratar de descifrar lo que dice el fantasma.

Si tenemos un teléfono inteligente, entonces ya traemos una grabadora de voz con nosotros todo el tiempo. Los micrófonos y bocinas integrados en esos teléfonos hacen un buen trabajo al registrar EVP, y es una herramienta que ya poseemos sin tener que gastar más.

Adam y yo usamos grabadoras Panasonic RR-DR60. Si el lector conoce algo sobre equipos paranormales, sabe que ese modelo es básicamente el santo grial para los cazadores de fantasmas. Eso es porque ya no se fabrica. Por un breve tiempo, en la década de 1990, Panasonic fabricó esta grabadora activada por ruido; es decir, que solo graba cuando hay un sonido, y hace una gran labor al capturar todo y reducir el silencio. No hay tiempo de inactividad o de aire muerto. Se oyen ruidos y ya está. Es un gran ahorro de tiempo. Otras grabadoras activadas por ruido, en su mayor parte, cortan los comienzos o los finales de las palabras. Esta no.

Sin embargo, pasó mucho tiempo para que este equipo en particular se hiciera popular. Hace más de una década trabajé con los ahora fallecidos Mark y Debby Constantino, de Nevada, quienes eran expertos en EVP. Tenían una enorme reserva de grabadoras, y fueron las primeras personas en popularizar ese modelo por ser excepcionalmente útil.

Una vez que los investigadores aficionados comenzaron a ver que las grabadoras RR-DR60 se utilizaban en programas de cazafantasmas su demanda se disparó. Desde entonces han sido cada vez más difíciles de conseguir; y una vez que se desaparecieron, fue para siempre. Incluso me puse en contacto con Panasonic para averiguar cómo producir más este modelo, pero no estaban para nada interesados. Si buscas en internet en este mismo momento, es probable que las encuentres anunciadas por casi dos mil dólares. (Sin embargo, quiero señalar que en definitiva no se necesita una de estas grabadoras para hablar con los fantasmas. Yo solía obtener excelentes EVP con mi pequeña Olympus portátil).

USO DE MEDIDORES K-II EMF EN INVESTIGACIONES

La gente tiende a pensar que los medidores K-II EMF son una parte integral de las investigaciones, pero para mí, eso no es necesario siempre. Los uso, pero no son tan confiables, porque los factores ambientales pueden interferir con facilidad en ellos. Incluso el estar cerca de un celular puede provocar que se enciendan. Por eso es tan importante tener material adicional, como los EVP, para combinar con las lecturas de K-II.

Una vez Adam y yo estábamos investigando para *Kindred Spirits*, en National Homestead, en Gettysburg, Pensilvania, el cual fue un orfanato y un hogar para viudas después de la Guerra Civil. Teníamos un medidor K-II y algunos otros equipos sensibles instalados en el piso del sótano, que se encendían todos a la vez y continuamente. Sus luces se prendían, luego se apagaban, luego se encendían de nuevo, una y otra vez, pero esas reacciones no se relacionaban con nuestra investigación. No podíamos entender lo que estaba pasando, hasta que me asomé por la ventana y descubrí una patrulla afuera del edificio. La radio del oficial era tan fuerte que cada vez que hacía una llamada, provocaba que nuestro equipo se disparara. Nosotros ya sabíamos que no debíamos usar nuestros *walkie-talkies* cerca del equipo debido a la interferencia, pero nunca antes había visto que se presentara desde el exterior de un edificio.

Los medidores K-II pueden ser útiles en algunas circunstancias. A veces las luces atraen la atención de los fantasmas. Como ejemplo, en otra ocasión, cuando estábamos haciendo una investigación privada en el mismo orfanato, alineé algunos K-II en el suelo. De repente, una figura sombría pasó corriendo junto a ellos. Una por una, las máquinas se apagaron, mientras la figura se dirigía hacia mí. Algo me agarró de un lado y me inmovilizó. Tropecé, mi corazón latía con fuerza, y después corrí hacia Adam.

—¿Qué fue eso? —le pregunté. Él no lo sabía. Todos en la sala vieron cómo sucedió, pero no captamos ninguna evidencia que nos explicara qué había sido. ¿Podría haber sido alguien agresivo? Seguro. Es fácil interpretar una acción como esa diciendo que el ente tenía malas intenciones. Pero también podría haber sido el fantasma de un niño pequeño que estaba tan feliz de ver a una «mamá» que se emocionó más de la cuenta y corrió hacia mí. Si una persona no ha visitado a su madre en muchos años y viera a alguien que se la recordara, es posible que también reaccionara de manera estrepitosa. Es por eso que es tan difícil conocer la verdadera intención de los espíritus con un solo momento como ese: no sabemos cuánto tienen que luchar para poder comunicarse y si pueden controlar por completo sus acciones. Tal vez, sea lo que sea, ese algo tuvo que esforzarse tanto para estar en la habitación con nosotros que tan solo no pudo «pisar los frenos» con la suficiente rapidez y chocó conmigo. Cuando volvimos al orfanato en la tercera temporada de *Kindred* hablamos sobre esa experiencia y, curiosamente, vimos la sombra de un hombre en ese mismo lugar.

A veces el K-II también ha sido la clave para resolver un caso. Eso es lo que sucedió cuando investigamos la casa de Carl y Cindy, en Providence, Rhode Island, en la segunda temporada de *Kindred*. Ellos habían estado experimentando actividad en su casa, como golpes y pasos, durante los cinco años que tenían de haberla comprado, pero fueron empeorando cada vez más, en especial hacia Carl. Él escuchaba a la gente llamándolo, y un día vio una silla levantarse en el aire por sí sola, dar la vuelta y situarse despacio en el suelo. Debido a la atención que él tenía, Carl pensó que podría ser su abuela, Helen. Cindy también tenía una abuela que había fallecido, llamada Mary.

En el momento que comenzamos a investigar, básicamente cuando estábamos sacando el equipo, el K-II comenzó a sonar. Yo le pedía al fantasma que lo encendiera, y él lo hacía. En una sesión de EVP no recibimos una respuesta al nombre de Helen, pero cuando pregunté por Mary, ella respondió: «Mary está aquí». Curiosamente, cuando empezamos a preguntar si ella era la abuela de Cindy, todo quedó en silencio. Terminamos encontrando evidencia sobre el propietario anterior, un hombre llamado Jim, que había muerto de cáncer.

Stephanie, una psíquica que vino a ayudarnos a investigar, nos dijo que él prefería permanecer en su casa. Jim únicamente quería que lo dejaran solo para hacer lo suyo, pero a menudo chocaba con cosas, lo que explicaba esos golpes y pasos.

—Aunque no son familia —Stephanie les dijo a Carl y Cindy—, él dijo que siente como si lo fueran.

Pero todavía no podíamos averiguar quién era Mary. Por último Carl nos habló de otro miembro de la familia, su tía Mary McCartle. Cada vez que le preguntábamos si era ella, se encendían los K-II.

—¿Tienes alguna idea de por qué ella está tan cerca de ti? —le pregunté.

—Oh, Dios mío —dijo—, ella era mi madrina.

—Probablemente te está cuidando —supuse—. Aunque ella no esté aquí todo el tiempo, quizá está cumpliendo con sus deberes de madrina.

Estaban muy felices de saber que no había malicia en ninguna de las actividades paranormales, y que prácticamente no había posibilidad de que estas acciones se convirtieran en algo peligroso. Su casa pudo haber estado llena de fantasmas, pero eran seres que eligieron estar ahí por razones positivas. En el instante en el que supieron lo que estaba sucediendo, la sensación de alivio de Carl y Cindy fue palpable.

REGISTRAR EL MOVIMIENTO POR MEDIO DE SLS

Algo que me encanta de la investigación paranormal es que nunca se sabe con qué técnica obtendremos los mejores resultados. En otro caso, en la segunda temporada de *Kindred*, visitamos una casa donde estaban pasando cosas bastante extrañas, en especial a los niños de la familia. Kate y Mike nos pidieron que investigáramos su casa, en New Smyrna, Florida. Kate escuchaba voces y unas fuerzas invisibles le jalaron el cabello en una ocasión. Su hijo Gavin estaba tan asustado que comenzó a dormir en el piso del cuarto de su hermana, Hailey. No le gustaba escuchar que la lavadora se encendía sola a la mitad de la noche. Una noche Hailey se despertó y vio una figura sombría de pie sobre su cama.

Por otro lado, Mike sintió como si hubiera esquivado un ataque dentro de la casa. Cuando trató de abrir una puerta del ático, que había sido sellada con pintura, un cortador de cajas salió volando hacia él.

—Era una trampa que casi parecía inofensiva —dijo—. La forma en la que salió fue como si estuviera destinada a lastimar a alguien.

Kate y Mike tenían tanto miedo del impacto que todo esto había causado en sus cuatro hijos que hasta intentaron vender la casa.

En la primera noche de investigación usé la cámara SLS en el dormitorio principal, donde Kate había presenciado una gran actividad. Casi de inmediato vi una forma en la pantalla. Le pedí que saludara, y por supuesto que lo hizo.

Minutos después, una figura más grande apareció en la pantalla. Parecía como si hubiera tomado la mano de la figura más pequeña y, de repente, ambas desaparecieron.

Eso significa capturar una gran evidencia, sobre todo porque fue en la primera noche. La forma en la que las figuras interactuaban entre sí me hizo pensar que estaban conectados de alguna manera. En la segunda noche, sin embargo, no pudimos conseguir nada. Ni un solo EVP, excepto un muy débil «Sí», cuando preguntamos si estábamos hablando con el padrino de Gavin, Mike, quien ya había fallecido.

Durante la investigación, al día siguiente, encontré a los dueños anteriores de la casa, Edna y Paul Cowell. Edna estaba convencida de que la casa la estaba matando. Su casa fue hecha en un lugar que no estaba zonificado para construcción, debido a que el drenaje del terreno era deficiente. Como resultado, la casa estaba llena de moho y hongos. Luchó para que la ciudad le ayudara a solucionar el problema, argumentó que la condición de la casa le estaba dañando los pulmones. Los registros de propiedad incluían todas sus notas escritas a mano, además de los registros de las reuniones con el consejo de la ciudad en las que pidió ayuda. Finalmente, Edna murió de enfermedad pulmonar obstructiva crónica (EPOC), ella siempre creyó que había sido causada por la atmósfera tóxica de la casa.

De inmediato esa información hizo clic en mi mente. El ático había sido sellado para encapsular el moho en su interior. Edna y Paul intentaban advertirles que la casa era un peligro para su familia. Con ese conocimiento, por fin pudimos hablar con Edna.

—¿Qué estaba mal en la casa? —le pregunté a ella.

—*Moho* —respondió.

—Nos gustaría saber si cuando ellos intentaron abrir el ático te molestaste.

—*Sí.*

Resultó que ella tenía razón. Trajimos a un especialista en moho que encontró crecimiento de hongos en la habitación del bebé. Por fortuna todavía era mínimo y se podía erradicar el problema antes de que alguien se enfermara. Le dijimos a Edna que ella había ayudado a advertir a la familia y que ahora estarían a salvo gracias a ella.

Asimismo, descubrimos más evidencia de que el padrino de Gavin también estaba presente, cuidando a su ahijado, quizá tratando de protegerlo de los peligros ocultos en la casa.

—Me encanta que esté aquí —dijo Mike—. Es reconfortante.

Desde que resolvieron el problema del moho en la casa, la familia no ha vuelto a informarnos sobre ninguna actividad de Paul y Edna.

ESCANEO DE VOCES CON UNA CAJA DE ESPÍRITUS

Una técnica que suele tener resultados muy buenos para nosotros es la caja de espíritus o *spirit box.* Esta herramienta escanea ondas de radio para crear ruido blanco, el cual la gente cree que un espíritu puede manipular para comunicarse y hacer que se escuchen sus palabras. La caja de espíritus que usamos ahora surgió de lo que se llamó Frank's Box o caja de Frank, inventada en 2002 por Frank Sumption. En esa primera versión Sumption modificó algunos radios para que cambiaran de estación a diferentes velocidades. Sin embargo, la caja de Frank fue construida para comunicarse con extraterrestres; incluso afirmaba haber recibido las instrucciones para construirla de los mismos extraterrestres.

—Su predecesor fue un inventor letón, llamado Konstantin Raudive —explicó Greg Newkirk, quien, junto con su esposa

Dana, dirige el Traveling Museum of the Paranormal & Occult. A menudo lo llevan a los eventos de Strange Escapes.

»Frank creía que, con lo que al final se conoció como el circuito de diodos Raudive, podría extraer las voces de los muertos del aire.

Uno de los libros de Raudive, *Breakthrough*, publicado en 1971, venía con un disco de vinilo de EVP. Todavía se pueden escuchar estas grabaciones en internet con bastante facilidad.

—Si bien hay ejemplos anteriores de grabaciones EVP accidentales, podría decirse que fue el comienzo de la comunicación transdimensional instrumental —agregó Greg—. Después apareció gente como Frank y trataron de aprovechar mucho todo ese conocimiento.

Yo era una de ellos. Incluso construí mi propia caja de Frank en aquel momento. Seguí las instrucciones que encontré en internet, antes de que se fabricaran las cajas de espíritus modernas. En RadioShack vendían una pequeña radio que cualquiera podía comprar, y era fácil de abrir y modificar.

La caja de espíritus puede ser increíblemente útil, pero existe la posibilidad de sesgo en la evidencia que se recopila con ella. Debido a que estamos haciendo preguntas y luego escuchando las respuestas, es muy posible que podamos estar escuchando respuestas que *deseamos* oír en lugar de lo que en realidad se dice. A diferencia de los EVP, en un dispositivo de este tipo no podemos reproducir varias veces lo que sale de la caja de espíritus. Lo escuchamos una vez y se ha ido.

Por eso nos intrigó tanto cuando vimos un video de Karl Pfeiffer y Connor Randall usando la caja de espíritus para un tipo diferente de comunicación. Era una técnica llamada Método Estes, que desarrollaron con otra investigadora, Michelle Tate, cuando buscaban evidencias, en 2016, en el Hotel Stanley (en Estes Park, Colorado; de ahí el nombre).

En ese método una persona hace preguntas y la otra escucha la caja de espíritus en busca de respuestas. Sin embargo, la persona que oye lleva una venda en los ojos y auriculares con cancelación de ruido para eliminar la mayor cantidad posible de influencia externa.

—La idea era básicamente aislar a alguien y ver si las respuestas seguían alineadas, sin que el sesgo humano o la expectativa influyeran en las respuestas —dijo Karl. La idea era tratar de eliminar el sesgo del grupo en la investigación.

»Creo que cualquiera que investigue regularmente se da cuenta de que esto ocurre. Alguien escucha un EVP o algo que cree que es una voz y dice: "Ah, está diciendo tal cosa".

—Y luego, de pronto, eso está en la mente de todos —agregó Connor—. Ese es el mayor problema con las cajas de espíritus. La gente utiliza estos generadores de radiofrecuencia aleatorios y, por supuesto, emiten sonidos porque son sonidos pertenecientes a la radio. Pero si una persona en el grupo sugiere algo, de repente se convierte en la respuesta para todos.

Con este método, cuando alguien del equipo es el receptor, no puede escuchar ninguna de las preguntas que se hacen, por lo que es poco probable que las respuestas se desvíen hacia lo que se *desea* escuchar frente a lo que en realidad se está escuchando. Con los otros sentidos obstruidos y el enfoque completamente en el ruido blanco que proviene de la caja de espíritus, esa persona casi entra en trance cuando escucha las respuestas. A pesar de ello, cuanto más lo hacemos, más nos preguntamos si en verdad estamos escuchando voces de la caja de espíritus o simplemente nos estamos alineando a un estado en el que podemos escuchar las voces de nuestra cabeza.

—Tener a alguien tan concentrado en ese ruido puede colocarlo en algo así como un estado de trance —dijo Connor—. En ese momento, cualquiera se pregunta si es un fantasma el que habla o es un lugar psíquico intermedio que permite que eso ocurra. No estamos seguros de dónde provienen las respuestas, pero la gente entra en un estado mental diferente cuando está ahí, y en la actualidad parece funcionar con bastante frecuencia para comunicarse con algo.

Greg Newkirk está de acuerdo con Connor.

—Creo que hay un elemento especial en este tipo de dispositivos que pone a las personas en un estado de trance, porque su mente consciente está ocupada escuchando ese circuito de radio, por lo que su mente subconsciente puede deslizarse en impresiones psíquicas con mucho mayor facilidad —dijo—. Creo que nuestra conciencia es mucho más compleja de lo que pensamos. Y creo que ahí es donde suceden muchas de estas cosas sobrenaturales. A veces solo se necesita un generador de ruido blanco para calmar nuestra mente hasta que llegue al punto en el que pueda comenzar a captar cosas.

Hay numerosas variaciones interesantes de este método que la gente continúa desarrollando, como hacer preguntas a larga distancia utilizando un monitor de bebé, o hacer que varias personas que están aisladas entre sí actúen como receptores. Greg y Dana, junto con Karl y Connor, realizaron algunos experimentos fascinantes en los que combinaron cajas de espíritus con otras metodologías menos conocidas en su serie documental *Hellier*, la cual es una exploración profunda de un caso paranormal en el que se termina estableciendo contacto con extraterrestres y dioses antiguos. En un episodio combinan el Método Estes con un equipo llamado «casco de dios», que se cree que coloca el cerebro en el mismo estado en el que se encuentra durante una experiencia religiosa, psíquica o sobrenatural. En el experimento, Dana usa el casco y, en su estado psíquico amplificado, le hace preguntas a Connor, que tiene los ojos vendados y usa audífonos con cancelación de ruido, y quien actúa como receptor. Ellos creen que la conversación que se produce es con un ser extraterrestre.

Se oye genial, ¿verdad?

En *Kindred Spirits* hemos estado experimentando con algunos conocimientos limitados para ver si eso afecta los resultados con el Método Estes. A veces, cuando Adam actúa como receptor, obtengo información que él aún no conoce y la uso en mis preguntas. Sé que con ese método no hay forma de que sus respuestas estén influidas de alguna manera por su conocimiento del caso. Eso es algo que hemos estado haciendo con bastante regularidad: en lugar de informarle sobre la investigación que realicé, hacemos una sesión con el Método Estes y así los resultados se vuelven aún más interesantes.

Una de las experiencias más intensas que he tenido con una caja de espíritus ocurrió en la cuarta temporada del programa, cuando visitamos la Farra Elementary School, en Maxwell, Iowa. Construida en 1922, es una famosa escuela primaria embrujada (ahora ya está cerrada), que los propietarios, Jim y Nancy, compraron con la intención de convertirla en un espacio para eventos. Al menos un año y medio sintieron como si algo muy oscuro estuviera dentro del inmueble. Hubo múltiples informes sobre una sombra masculina que aparecía por todo el edificio y aterrorizaba a las personas que estaban dentro.

En la primera noche de nuestra investigación usamos el Método Estes para intentar obtener una lectura de la situación. Adam hizo preguntas y recibí respuestas como: «Morí, la granja, abril, me cortaron, corregirlo».

Al día siguiente investigamos en la biblioteca local y encontramos información sobre el único asesinato sin resolver del pueblo. En 1975 el cuerpo de un hombre llamado Terry había sido encontrado con la garganta cortada. Cuando lo descubrieron, ya llevaba ahí varios meses. ¿Cuándo sucedió? En abril.

Con esa información, volvimos a la escuela, pero mientras más investigábamos, más nos dábamos cuenta de que había otros espíritus en el lugar y que Terry los afectaba negativamente. Había señales que apuntaban cada vez más a que Terry era la sombra maligna, hasta llegamos a notar que estaba acosando a los demás fantasmas. Por esa razón, en una sesión de EVP pregunté:

—¿Hay alguien aquí en quien no confíes?

La respuesta: «Terry».

Sin embargo, había tantos fantasmas que nos costaba hablar con uno a la vez, y Terry, con quien realmente necesitábamos hablar, se escondía detrás de los demás y se negaba a comunicarse. Así que le pedimos a Chip Coffey su ayuda y utilizamos un método de investigación que nunca antes habíamos probado en el programa. Él y yo nos sentamos, uno al lado del otro, ambos estábamos con los ojos vendados y usando audífonos, escuchando diferentes cajas de espíritus y por separado. Nuestra esperanza era que, si los otros espíritus se ponían en contacto con Chip, yo podría ponerme en contacto directo con Terry.

Y lo hice. Terry no estaba nada contento.

—Terry no tiene que hacerlo —dijo Adam—, pero alguien más podría decirme si Terry está aquí.

—*Haz tu trabajo.* —Escuché—. *Jódanse.*

En ese momento estaba bastante segura de que Terry me estaba hablando a mí, y de que los otros espíritus estaban hablando con Chip.

—¿Por qué estás aquí, Terry? —preguntó Adam—. ¿Necesitas nuestra ayuda?

—*Muy bien, vamos a hacerlo.* —Escuché.

—La actividad que estás haciendo está afectando a todos aquí —dijo.

Escuché a alguien riéndose en mis auriculares.

—Sé que te pasó algo malo. Nosotros no podemos arreglarlo. Pero ¿quieres hablar sobre eso?

Terry esquivaba las preguntas, mientras a mi lado Chip canalizaba mensajes con creciente urgencia y miedo.

—*Viene hacia acá.* —Escuchó Chip—. *Es él. Escóndanse.*

Mientras eso sucedía, algo empujaba mi silla una y otra vez.

—Tienes que dejar a Amy en paz, Terry —dijo Adam.

—*Váyanse al demonio.* —Oí.

En ese momento, Adam se cambió de lugar conmigo, pues creía que Terry estaba molestándome y que podría obtener mejores respuestas porque Terry no estaba tan interesado en él.

—¿Qué necesitas decir, Terry? —pregunté.

—*Me estoy haciendo más fuerte.* —Escuchó Adam—. *Me gusta aquí.*

—A mí también me gusta estar aquí —dije—, pero hay que tratar a la gente con respeto. ¿Puedes hacer eso?

—*Hermano mayor.* —Escuchó él.

—Uno de tus hermanos falleció. ¿Sabías eso? Si continuaras con tu camino, podrías estar con él.

—*No lo sabía.*

—¿No sabías que tu hermano había fallecido? Tu mamá también falleció.

—*Detente.*

—Estás aquí, pero podrías estar con ellos. ¿Lo sabes?

—*Estoy asustado.*

—Tienes derecho a estar asustado —dije—, pero realmente no tienes que quedarte aquí. ¿Qué quieres que hagamos por ti?

—*Váyanse.*

—Esto es difícil para ti, lo sé —le dije.

—*No creo en Dios. Liberación.*

—¿Es eso de lo que tienes miedo? ¿Es por eso que no sigues adelante? ¿Temes al lugar al que llegarás? ¿Quieres seguir hablando? Si vas…

—*Tú eres el problema.*

—Si te quedas aquí, ¿puedes dejar de acosar a las otras personas que están aquí? ¿Puedes comportarte?

—*Yo pertenezco.*

—Es verdad —respondí—, pero debes ser justo con los otros que estuvieron aquí antes que tú. ¿Puedes hacer eso? Puedes ser parte de esto o puedes seguir tu camino y estar con tu familia, pero de cualquier manera tienes que comportarte.

—*Lo más honesto posible.*

Nos parecía que tenía miedo de continuar su camino por lo que podría pasarle y que por eso quería quedarse en la escuela.

—Él se siente como un extraño y está confundido acerca de cómo debe comportarse aquí —explicó Chip.

Pensamos que era posible que su comportamiento hostil fuera únicamente una reacción defensiva, y que por eso estaba siendo tan contundente con los otros espíritus y las personas vivas en el edificio. Teníamos la esperanza de que, al reconocer aquello que lo afectaba, se calmaría.

Nuestra especulación era que Terry había llegado a la escuela porque se habían realizado más investigaciones ahí desde que los nuevos propietarios compraron el edificio. Adam y yo tenemos la teoría de que cuando la gente investiga un lugar, con frecuencia esto atrae más fantasmas, porque ese lugar se convierte en un faro para ellos. Terry pudo haber sido uno de los que se sintieron atraídos.

Para ayudarlo a sentirse bienvenido y alentarlo a estar más en paz, colocamos un pequeño monumento en el pizarrón de una de las aulas. Las personas que lo visitan pueden escribirle mensajes a Terry y hacerle saber que lo recuerdan. Hemos escuchado que eso ayudó mucho, que ahora él es uno de los fantasmas habituales, y que se lleva bien con todos los demás. No lo dijimos en el programa, pero nuestra teoría es que hasta que no se resuelva el asesinato, él se quedará ahí. Le va a costar mucho decidirse a continuar su camino.

COMUNICARSE CON LOS NIÑOS POR MEDIO DE UN BOO BUDDY

Uno de los desarrollos más innovadores de Shawn Porter es el Boo Buddy (amiguito bú), un equipo de investigación construido dentro de un oso de peluche. La gente a veces pregunta por qué es necesario eso, pero al igual que los niños vivos, los espíritus más jóvenes pueden ser tímidos y temen hablar con extraños. El Boo Buddy es un juguete tan convincente que mi propia hija a veces se lo lleva para jugar. Hubo un caso en el que ese oso fue la clave para averiguar qué estaba pasando en una casa.

En la primera temporada de *Kindred*, Adam y yo fuimos a una casa en las afueras de Pittsburgh, Pensilvania, donde Kristy y sus dos hijos pequeños dijeron haber visto una figura amenazante. Ella pensó que podría ser su abuela, que había muerto en su cuarto. Kristy había comprado la casa de su abuela, a pesar de que las dos habían tenido una pelea años antes de que la mujer falleciera. En efecto, encontramos evidencia, con la ayuda de Chip Coffey, de que la abuela estaba ahí y que estaba enviando mensajes de amor a Kristy y su familia.

Pero Chip también captó otra historia, una mucho más oscura que él sintió que tenía relación con un abuso. En una sesión del Método Estes, Adam preguntó por el nombre del espíritu y escuché: «Amy». Él continuó y preguntó:

—¿Conoces a esta Amy?

—*No*.

Investigamos un poco en el área y encontramos una de las historias más terribles con las que me he topado. En una casa no muy lejos de la de Kristy vivió una niña llamada Amy, a mediados de la década de 1980. Tenía un poco más de 3 años cuando su madrastra la obligó a tomar un baño con agua hirviendo. Amy rogaba que la sacaran del agua que estaba a casi 60 °C, pero la mujer la obligó a permanecer adentro. La pequeña resultó con quemaduras de primer y tercer grado en la mayor parte de su cuerpo, y murió de un paro cardiaco en el hospital a la mañana siguiente.

Simplemente no puedo imaginar nada más terrible que eso. Teníamos que intentar comunicarnos con ella.

Como pensamos que nos podríamos poner en contacto con Amy, usamos un Boo Buddy a la noche siguiente. Dentro del osito de peluche hay sensores que pueden detectar el tacto, los EMF, los EVP y los cambios de temperatura. Cuando algo lo toca, el oso dice: «¡Eso me da cosquillas!», y cuando la temperatura sube o baja, el oso pregunta si fue el espíritu el que hizo ese cambio.

Adam, Chip y yo nos sentamos alrededor del oso con la esperanza de poder hablar con Amy. Mientras le contaba a Chip la historia de lo que le había pasado, de repente escuchamos: «¿Hiciste que la habitación se calentara?».

—Estábamos hablando de agua caliente —dijo Chip—, y la temperatura subió.

Con ese hecho creíamos, con bastante certeza, que ella estaba en el cuarto con nosotros.

—Hay mucho amor en esta habitación —notó Chip, hablándole a ella—, y no tienes que tener miedo de estar aquí con nosotros.

—Amy —pregunté—. ¿Estás bien? Si estás bien, ¿puedes encender estas luces para que lo veamos? El medidor K-II se iluminó.

—¿Te gusta estar aquí porque hay otros niños con quienes jugar? —preguntó Adam. De nuevo se encendieron las luces.

—Si quieres quedarte y jugar, también puedes hacerlo. Pero ya no hay nada que temer —le dije, yo tenía el corazón roto porque esta niña que había sido herida sin motivo se había quedado rezagada durante mucho tiempo.

—Nadie te va a lastimar nunca más. No es necesario que te quedes en este lugar.

Con eso, la actividad se detuvo. Algo cambió en la habitación. Todos sentimos que Amy se había ido.

En realidad, estos conceptos básicos son solo la punta del iceberg cuando se trata de equipos para investigar. El equipo de investigación paranormal está en constante evolución, porque los expertos siempre están haciendo pruebas y modificaciones a los productos existentes con el fin de adaptarlos mejor a las necesidades de sus experimentos personales. Es muy emocionante ver todo lo que crece a partir de este intenso interés en el campo.

Un baño embrujado

Después de la universidad yo vivía con mi novio, en Placerville, California. Me acababan de sacar las muelas del juicio, así que estaba tomando antibióticos. Una noche subí las escaleras para cepillarme los dientes y tomar las pastillas que me tocaban a esa hora, pero no encontré el frasco por ninguna parte.

—¿Viste mis pastillas? —pregunté.

—Están justo sobre el mueble —respondió.

El área del lavabo estaba completamente vacía excepto por nuestros cepillos de dientes.

—No están ahí —dije. Así que él subió a buscar y no las encontró por ningún lado.

Volví al baño, solo para comprobar de nuevo, y no había nada. En ese momento estaba teniendo un pequeño colapso. Me crie en una casa donde las cosas se movían, y ya había tenido suficiente.

—Escucha —le dije a la habitación vacía—. No sé por qué tomaste esas pastillas. Son medicamentos. Las necesito. Tengo una infección y me están ayudando a disminuirla. Entonces, ¿me la puedes devolver?

Cuando me di la vuelta para irme, apagué la luz. Pero, entonces, me detuve en seco. Algo en mi cabeza dijo: «Enciende la luz y regresa».

Las pastillas estaban justo ahí, en medio del anaquel. Nosotros dos habíamos revisado, y era imposible no haberlas visto en ese lugar.

Algo las había regresado a su lugar mientras la luz estaba apagada.

Capítulo 6

NO SIEMPRE ES UN FANTASMA

SI PIENSAS QUE hay un fantasma en tu casa, tengo malas noticias para ti: lo más probable es que no esté realmente embrujada.

Lo sé, a mí también me decepciona. Cuando la gente me dice que su casa está llena de fantasmas, hago una lista mental de todas las cosas que podrían ser que no son sobrenaturales. En realidad podría haber problemas de construcción en la casa, o las personas podrían estar enfrentando problemas de salud física o mental, que, comúnmente, se manifiestan de la misma manera que los fenómenos paranormales. Es curioso, pero una buena parte de mi trabajo se trata de demostrar que en ciertas situaciones no hay fantasmas.

Esa era una de las mejores cosas de estar en *Ghost Hunters*, sobre todo al principio. El programa tenía una gran tendencia hacia el escepticismo, y la mayoría de capítulos se trataban sobre desmentir. Así que no entrábamos a un lugar con la mentalidad de que definitivamente encontraríamos un fantasma; sino que tratábamos de encontrar otras razones para explicar por qué estaban sucediendo actividades «extrañas». Todos eran muy exigentes con la evidencia y las experiencias, también eran muy minuciosos al realizar los recorridos, pues buscaban cualquier factor externo que pudiera actuar como una complicación. Me sentía muy cómoda en ese aspecto. No solo el equipo alentaba esa visión, también la productora y la cadena lo hacían.

Steve Gonsalves, uno de mis coprotagonistas en el programa, siempre decía que cuanto más riguroso es un investigador con la evidencia, más fuerte será esta cuando no podamos refutarla. Para mí es igual de importante encontrar una solución «real» para algo que encontrar una respuesta paranormal. Al final se está resolviendo el problema, solo que de diferente forma. Y ese tipo de solución es igualmente valiosa, porque cuanto más encontremos estos falsos positivos y aprendamos a buscarlos, más fácil será en el futuro hacer una prueba a algo, descartarlo y así concentrarnos en la actividad que de verdad sea desconcertante.

Tener una dosis sana de escepticismo es esencial para tener éxito como investigador paranormal. Una vez que hemos estado investigando durante un tiempo, veremos puntos en común entre las afirmaciones de los solicitantes y podremos encontrar explicaciones más fácilmente. Pero también veremos que la gente prefiere que le digamos que sí es un fantasma, antes que una explicación racional. Por eso, ese escepticismo es fundamental, porque la primera intención debe ser encontrar el tema o la explicación más práctica, con el fin de que la gente no tenga miedo de sus propios hogares.

Y para ser honesta, la mayoría de las veces solo se trata de un problema físico con tu casa. Los ruidos extraños son innegablemente espeluznantes, y las puertas que se cierran de golpe nunca han hecho que nadie se sienta cómodo. Pero en definitiva hay casos en los que la casa es la que asusta a sus habitantes, en lugar de que haya un verdadero problema sobrenatural dentro de ella.

Las complicaciones que provienen de la casa por lo general son bastante fáciles de identificar. La que más destaca es la de las tuberías ruidosas. O puede ser que las puertas se cierren de golpe solas si las ventanas están abiertas, incluso en otras habitaciones, porque el flujo de aire puede crear un vacío que hace que la puerta se azote. O tal vez la casa esté un poco desnivelada o los pisos estén algo chuecos, y eso también explica que las puertas se balanceen solas. Puede ser que los marcos de las puertas estén desajustados y entonces la puerta se cierra de manera natural. Tal vez la persona se despierta con alucinaciones extrañas porque el despertador junto a su cama, que tiene más de veinte años funcionando, emite un campo EMF alto, el cual interfiere con tu cerebro.

A algunos investigadores les gusta usar cámaras termográficas para tratar de ver si encuentran entidades con diferentes temperaturas, pero yo las encuentro particularmente útiles para encontrar cosas en las paredes, como plagas de animales, las cuales pueden explicar ruidos extraños. Una vez, Adam y yo tomamos un caso en *Ghost Hunters* donde intentábamos explicar sucesos espeluznantes en un departamento que estaba arriba de un restaurante en Nueva Jersey. Tuvimos que dormir ahí y, a la mitad de la noche, escuché algunos ruidos que parecían arañazos. Tomé la cámara termográfica y descubrí que había un animal dentro de la pared.

Lo mismo sucedió en un caso, antes de que yo estuviera en la televisión, cuando estaba ayudando a investigar un restaurante en el sur de California. En el lugar estaban seguros de que había un fantasma. Todos los días los empleados llegaban y encontraban vasos rotos en el suelo, y no tenían idea de por qué estaba sucediendo eso. El equipo instaló una cámara DVR durante la noche y captó a una rata que subía por la pared, trepaba detrás de los vasos y los tiraba. El restaurante no tenía idea de que tenían ratas (o, al menos, no nos lo dijeron).

Cuando me encuentro con personas interesadas en fantasmas es sumamente común que me pidan ver una foto en la que están seguros de que hay una presencia sobrenatural. Esperan que verifique su teoría y diga que algo extraño sucede en la toma. Siempre le digo a la gente que no me muestre sus fotos a menos que quieran descubrir que en realidad no tienen nada que ver con algo paranormal. Es demasiado fácil confundir el polvo, las sombras o los reflejos con algo más interesante.

La desacreditación de fotos es de mis partes menos favoritas dentro de una investigación sobrenatural. Ya que yo no estaba presente cuando se tomó la foto, no puedo verificar lo que en verdad estaba sucediendo, entonces no puedo respaldar lo que la gente dice ni tomarlo como un hecho verdadero. Hay demasiados casos en los que las personas dirán que la mujer que sale desenfocada en el fondo de una toma «definitivamente no estaba ahí», cuando en realidad aparece en otra fotografía del mismo evento y la gente solo no se fijó en ella.

Eso sucede mucho en los *tours* de fantasmas, en especial en lugares embrujados como Gettysburg, Pensilvania o Williamsburg, Virginia. Las personas buscan fantasmas en cada esquina y están demasiado predispuestas a pensar que la sombra que hay en la parte posterior de su foto es de una persona. ¿De verdad hiciste un registro de cada uno de los veinte miembros del grupo y de sus ubicaciones precisas en el momento en que se tomó la foto, de modo que estás seguro, sin lugar a duda, de que no había nadie más ahí?

Hay dos fenómenos psicológicos comunes que están en juego cuando se trata de fotos «embrujadas», así como en otros casos en los que la gente está convencida de que está sucediendo algo sobrenatural. Una es la *pareidolia*, que es la tendencia a ver figuras e imágenes en espacios como nubes o en patrones abstractos. El cerebro humano está desarrollado para reconocer rostros, por lo que tendemos a verlos cuando en realidad no están ahí. Se relaciona con la *apofenia*, un término originado por el psiquiatra alemán Klaus Conrad en 1958. En un artículo sobre las primeras etapas de la esquizofrenia, Conrad definió la apofenia como la tendencia a percibir conexiones entre cosas que no están enlazadas o relacionadas de ninguna manera.

Esto sucede sobre todo con la gente que cree que hay imágenes religiosas que aparecen en los alimentos. Por ejemplo, en 2004 una mujer de Florida vendió en un casino un queso asado que creía que tenía la imagen de la Virgen María por 28 000 dólares. Esa historia generó una gran atención de los medios (incluso inspiró un episodio del programa de televisión *Glee* titulado «Quesús tostado»), pero está lejos de ser la única. La gente afirma que el «NunBun», en Nashville, Tennessee, tiene la imagen de la Madre Teresa, y una «tortilla milagrosa», en Nuevo México, y un palito de pescado quemado, en Ontario, Canadá, tienen imágenes de Jesús. Dos veces, una en la India y otra en Inglaterra, hubo mujeres que afirmaron haber cortado una berenjena para descubrir la palabra «Alá» escrita en sus semillas.

Entonces, si alguien ve algo en una foto que no está realmente ahí, no es que esté loco. (Bueno, tal vez no estés loco. No soy médico. No me cites). Nuestro cerebro lo está buscando y nuestra apertura a las rarezas del mundo nos dice que está pasando algo sobrenatural.

Si bien la pareidolia le muestra a la gente lo que en realidad no existe, hay otro fenómeno psicológico que no nos muestra lo que en verdad está ahí. Eso se llama atención selectiva. En este caso, es la tendencia del cerebro humano a enfocarse solo en una parte de lo que está sucediendo, y excluir otras cosas igualmente significativas que ocurren al mismo tiempo. Para conocer un ejemplo de esto se puede ver «The Monkey Business Illusion», un famoso video de los investigadores de Harvard, Christopher Chabris y Daniel Simons. En esta grabación hay seis personas jugando basquetbol: tres con playera blanca y tres con playera negra. En el video se le pide al espectador que cuente cuántas veces las personas con playera blanca pasan la pelota de un lado a otro. Mientras te concentras en eso, una persona con un traje de gorila atraviesa el cuadro de la pantalla, se golpea el pecho con los puños y vuelve a salir del cuadro.

Una vez que termina la acción en el video, se continúa con la explicación de que aproximadamente la mitad de las personas que lo ven por primera vez (si es que no han oído hablar de un experimento como este antes) pasa por alto al gorila, porque está muy concentrada en el basquetbol. Pero luego se pone aún mejor. Se continúa explicando que incluso si el espectador había oído hablar de este experimento y, por lo tanto, sabía que debía buscar al gorila, es posible que no haya notado que el fondo del video cambia de color o que uno de los jugadores con playera negra sale de la pantalla.

La atención selectiva es un gran problema en la investigación paranormal, porque las personas buscan lo que quieren ver, a veces a expensas de lo que en realidad está sucediendo. Esa es una de las razones por las que ahora estoy menos interesada en la tecnología para investigación. Al igual que en la vida real, cuanto más nos involucramos con una pantalla, menos nos damos cuenta de lo que sucede a nuestro alrededor.

Seré la primera en admitir que es decepcionante cuando una foto no resulta ser lo que creíamos. Como investigadores, tenemos que aceptar esto y estar listos para considerar que, muy probablemente, las respuestas no son lo que esperábamos. Y más que eso, tenemos que ser capaces de admitir cuando nos equivocamos. Esto sucede mucho cuando las personas tienen una evidencia que les entusiasma y le piden una opinión a un investigador, y este les brinda una explicación racional de lo que está sucediendo en la foto. La persona con la fotografía a menudo se pondrá a la defensiva y se molestará, en lugar de intentar tener la mente abierta y aprender sobre la situación. Por eso, cuando las personas me piden que vea sus fotos, aunque suene como una idiota cuando lo digo, les respondo que no deberían dármelas a menos que en serio estén dispuestas a aceptar que no van a obtener la respuesta que desean.

Las cosas comunes que suelen crear imágenes extrañas en las fotos son insectos, humedad o manchas en el lente, niebla o humo en el aire, un cabello o una cinta o telarañas colgando frente a la cámara. Hay una gran cantidad de recursos en internet que muestran ejemplos de cómo se forman interferencias en las fotografías. Cuando creemos que hemos capturado algo paranormal, es posible que deseemos verificarlo para asegurarnos de que realmente tenemos algo que vale la pena examinar con más cuidado.

Las fotos de orbes son en especial problemáticas para mí. He experimentado anomalías de luz que se presentan como si fueran orbes que emiten luz. Los he visto con mis propios ojos y los he capturado con la cámara. El problema es que, al final, no se parecían para nada al tipo de orbes que se obtienen en una foto. Lo que crees que es un orbe en una fotografía casi siempre son fibras de alfombra o polvo, o pequeñas arañas que se arrastran por el lente. Los vemos todo el tiempo con nuestras cámaras DVR. Con la llegada de la fotografía digital y la profundidad de campo mejorada, que ahora puede captarse, los orbes aparecen más que antes, pero casi nunca son lo que creemos que son.

Otra razón común por la que las personas asumen que algo paranormal está sucediendo en su hogar es porque un fantasma representa una explicación más fácil a un problema de salud con consigo mismas o con uno de sus seres queridos.

Recibo muchos correos electrónicos en los que las personas me dicen que un niño está presenciando eventos paranormales, como que su hija está viendo la sombra de un hombre en su ropero; está demasiado asustada para poder dormir por la noche y ya no quiere entrar a su habitación. Me explican que es un gran problema y que necesitan deshacerse de ese hombre lo antes posible. Mi respuesta siempre es la misma: «¿Qué dice el pediatra?».

Muchas veces esta respuesta causa indignación. Se molestan cuando considero otras posibilidades en lugar de aceptar de inmediato que su hijo está embrujado. Nunca entiendo esa contestación. Los niños ven cosas todo el tiempo. ¿No preferirían que fuera un comportamiento normal e infantil en lugar de que sea un fantasma real el que acosa a su hijo toda la noche?

Existe un amplio espectro de temas médicos que podrían confundirse con fenómenos sobrenaturales. La parálisis del sueño y las alucinaciones del sueño son temas importantes. Con este tipo de condiciones, las personas se despiertan totalmente incapaces de moverse, o alucinan que les suceden cosas aterradoras. Es muy fácil asumir que hay algo maligno en la habitación que está provocando esa situación. Lo sé porque yo misma he tenido tanto parálisis del sueño como alucinaciones. Hay momentos en los que me despierto, y no logro moverme por más que lo intento, también veo arañas enormes que se arrastran de la almohada hacia mi cara. Cuando no sabemos nada sobre estos temas, por supuesto que vamos a asumir que se trata de algo paranormal. Es absolutamente aterrador cuando sucede alguna de estas afectaciones, sobre todo porque estás medio dormido y no en un estado completamente lúcido. También he escuchado informes sobre personas que salen de un coma o que les retiran los respiradores artificiales y cuentan haber visto y escuchado cosas que parecen estar fuera del ámbito «normal». También se sabe que el monóxido de carbono y el moho pueden provocar alucinaciones.

Sarah Coombs es una psicoterapeuta que estudia el cruce entre lo paranormal y la enfermedad mental.

—Hay una lista completa de diagnósticos que entre sus síntomas incluyen alucinaciones auditivas, visuales e incluso táctiles, y que con facilidad podrían confundirse con actividad paranormal —dijo.

Al investigar un hogar, en especial cuando hay distintas dinámicas familiares interpersonales, Sarah cree que, en determinados momentos, tiene mucho más sentido considerar los problemas de salud mental como una posible respuesta.

—Para estar seguros de que una actividad es en verdad paranormal, lo que significa que no hemos podido encontrar ninguna otra explicación para ello, sería negligente no descartar primero un trastorno de salud mental.

He visto muchos casos en los que sospecho que lo que sucede en una casa tiene más que ver con las personas vivas que habitan en ella que con una presencia sobrenatural. Veo esto principalmente cuando los padres intentan decirme que sus hijos están embrujados o poseídos, y afirman que tienen que buscar una intervención espiritual, pero se niegan a considerar la idea de una intervención médica. Cuando sugiero llamar a un médico primero, ha habido muchas ocasiones en las que la gente se ha enojado conmigo, y actúa tan a la defensiva que intenta recriminarme en público.

—Es un sesgo cognitivo egoísta —dijo Sarah.

Esas personas prefieren creer que están embrujadas en lugar de admitir que podría haber un problema grave que no se podría resolver con algo tan simple como una investigación paranormal.

Quiero ser muy clara: no estoy sugiriendo que si alguien cree que hay una presencia en su casa, eso sea un motivo para preocuparse por su salud mental o física. Estoy hablando de un conjunto muy limitado y específico de circunstancias en las que, al investigar un hogar, la evidencia que encontré no se correlaciona con lo que sucede dentro de la familia, o cuando lo que alguien describe suena más como una cuestión de salud que un lugar que está embrujado. Tampoco estoy proponiendo que si alguien tiene un problema de salud mental, eso signifique algo malo. El estigma en torno a la salud mental es innecesario e injusto. Simplemente estoy tratando de abogar por las situaciones en las que podría ser un beneficio para las personas o su familia consultar a un médico profesional o un experto en salud mental, antes que cualquier otra cosa.

De la misma manera, un asunto de salud es solo una parte del problema. Las situaciones paranormales provocan estrés, por lo que es común que alguien que tiene problemas de salud subyacentes se encuentre en un estado de nerviosismo debido a esa gran tensión y dificultades en el hogar. Definitivamente, hay situaciones en las que explicar la actividad paranormal solo aclara una parte de todo lo que está sucediendo. Por respeto a la privacidad de esa persona, rara vez transmitimos esa parte dentro de la conversación en *Kindred Spirits*, pero sucede más seguido de lo que cualquiera pensaría.

Por otro lado, hay muchas condiciones transitorias o tratables que pueden provocar alucinaciones visuales o auditivas, como el trastorno depresivo mayor.

—Casi todas las personas estarán deprimidas en algún momento de su vida —dijo Sarah—. Si esto es algo demasiado grave, puede afectar los niveles de neurotransmisores del cerebro y desencadenar características psicóticas que pueden incluir alucinaciones y delirios. Todavía no sabemos con exactitud por qué ocurre esto. Una hipótesis puede ser que una interrupción en los receptores de serotonina y dopamina, que son clave en la regulación del estado de ánimo, quizá induzca a efectos alucinatorios.

»Esto ocurre con los trastornos del estado de ánimo crónicos a largo plazo, así como con el trastorno bipolar, la esquizofrenia y el trastorno esquizoafectivo —agregó—, todos estos desórdenes a menudo tienen síntomas alucinatorios y delirantes cuando no se tratan. Asimismo, el consumo de sustancias y la abstinencia a una adicción pueden alterar la química cerebral de manera similar, casi como el efecto directo que produce la ingesta de una droga recreativa.

Otro factor a tener en cuenta es el papel que los eventos traumáticos pueden desempeñar en nuestra percepción y aceptación sobre la experiencia del mundo.

—El trauma, sobre todo el trauma infantil y el trastorno de estrés postraumático resultante, puede producir problemas emocionales duraderos, incluso para los familiares de la persona que experimentó directamente el trauma —explicó.

Con frecuencia, las historias que escucho sobre una familia que afirma que una presencia sobrenatural aterroriza su hogar ocurren cuando dicha familia también está lidiando con eventos traumáticos que han causado un dolor indescriptible y duradero.

—Es algo muy difícil de aceptar, y por eso es mucho más sencillo decir que hay algo externo y paranormal que nos está haciendo esto —explicó Sarah.

Un fantasma es algo por lo que no se nos puede culpar y sobre lo que no tenemos control. Abrirnos a la vulnerabilidad, la vergüenza y la culpa, que a menudo acompañan a eventos como el abuso físico/sexual o a la violencia doméstica, que ejercen sobre nosotros o sobre alguien a quien amamos, es increíblemente difícil y puede tomar años de trabajo duro y emocional en terapia psicológica.

El duelo y las pérdidas pueden tener el mismo efecto.

—No se considera depresión en sentido estricto, pero procesar el duelo a menudo puede colocarnos en un estado depresivo que es muy agudo, severo y doloroso, lo que también puede provocar alucinaciones —explicó Sarah—. Por lo general se imagina en específico a la persona amada que perdimos, aunque esto tiende a desaparecer con el tiempo.

Estas alucinaciones todavía se consideran dentro del ámbito del procesamiento normal del duelo. Sin embargo, y este podría ser mi propio sesgo cognitivo como creyente de la idea de la «otra vida», también creo que es posible que estemos teniendo acceso a cualquier impresión o esencia que haya quedado de esa persona; que podría generar una ventana de tiempo en la que, quizá, todavía pueden comunicarse con nosotros. Así que, como tal, nunca descarto la experiencia de un cliente que está en duelo considerando sus visiones como un efecto puramente alucinatorio.

—No quiero dar la impresión de que pienso que todos los fenómenos paranormales pueden descartarse a partir de un diagnóstico de salud mental —agregó Sarah—. Sin duda, soy creyente de lo paranormal. Pero también creo que 99 % de lo que informa la gente se puede atribuir a explicaciones mucho más mundanas.

Al igual que yo, Sarah cree que escudriñar en aquello que no es sobrenatural hace que sea aún más significativo encontrar ese 1% en el que el fenómeno está realmente más allá de lo terrenal.

Incluso en aquellos casos en los que no hay un factor de salud en juego, ha habido momentos en que los solicitantes no querían escuchar los resultados que Adam y yo teníamos después de nuestra investigación.

Si recordamos mis palabras, yo había mencionado que en la mayoría de los casos he sentido que hay una resolución. Sin embargo, en definitiva ha habido algunas ocasiones en las que los solicitantes sintieron que no obtenían lo que estaban buscando.

Por lo general, eso sucede cuando los resultados de la investigación no son tan emocionantes como la gente quiere que sean. Nadie llama a un cazador de fantasmas y espera escuchar que hay un problema con las tuberías de su casa. Si solicita una investigación paranormal, es porque en serio cree que podría estar sucediendo algo sobrenatural en su hogar. Entiendo que resulta decepcionante cuando ese no es el caso. A pesar de lo anterior, he centrado toda mi vida en el estudio de los fantasmas, porque sin duda creo mucho en ellos, así que si estoy sentada al lado de alguien diciéndole que no pude encontrar un fantasma en su casa, lo más seguro es que de verdad no haya actividad paranormal ahí.

Sin embargo, las personas no quieren escuchar eso. Se indignan o se enojan porque quieren escuchar la explicación que ellas solas habían imaginado, y no toman en serio la evidencia y nuestros hallazgos. Lo que atraviesan es, en realidad, un sesgo de confirmación, y es uno de los mayores problemas que enfrentan las personas que están presentes mientras nosotros investigamos. La gente desea tanto que lo que perciben sea un fantasma que inventan algo que no existe. Como individuo externo, es fácil ver que la evidencia no nos lleva a la conclusión de que hay actividad paranormal, pero a veces las personas están tan desesperadas por que la respuesta sea que existe fantasma, que dirán cualquier cosa para demostrar que el investigador está equivocado. Algunos solicitantes han tratado de desacreditarme porque no encontré un fantasma en su casa, o porque aseguran que la sombra que aparece en su foto es un ser sobrenatural y no, digamos, una estatua en el jardín. En situaciones como esta podríamos darles mil explicaciones racionales, pero se van a aferrar a la idea fantasmal, aunque nos haga quedar mal a todos los investigadores paranormales. Por supuesto que queremos encontrar fantasmas. Pero nuestro trabajo no sería creíble si no asumiéramos un ojo crítico y riguroso para nuestro mismo ámbito.

En este tipo de situaciones es cuando el escepticismo de Kris Williams ha sido increíblemente útil. Ella siempre estaba atenta al sesgo de confirmación y era hipervigilante para asegurarse de que no existiera otra explicación posible sobre lo que veíamos, aparte de lo paranormal. No obstante, noté un cambio en la mentalidad del público durante el tiempo que estuve en el programa. Al principio la gente nos preguntaba si habíamos eliminado todas las posibilidades naturales. Preguntaban si habíamos revisado las ventanas, las puertas, el viento que entraba a la habitación. Pero cuando dejé el programa, la gente no quería escuchar esas explicaciones. Cuando yo explicaba que el viento había hecho que una puerta se cerrara de golpe, respondían que *definitivamente* era un demonio o un fantasma, y que *no había manera* de que no lo fuera. Me decían que no sabía de qué estaba hablando (cuando estaba ahí, y ellos eran los que me observaban desde casa mientras se realizaba la investigación).

Un factor más en este tipo de casos es que, en teoría, en determinadas circunstancias podemos crear fantasmas. En 1972 un grupo de investigadores en Canadá llevó a cabo un ensayo famoso llamado Experimento Philip, en el que escribieron una historia y un trasfondo para un fantasma, y básicamente hicieron que existiera porque así lo deseaban.

—Hicieron dibujos de él y luego intentaron contactarlo —explicó John Tenney—. Poco a poco, a lo largo de los meses, entraron en contacto con la persona que habían creado: Philip Aylesford.

Inventaron todo sobre esta persona y luego comenzaron a tener actividad que imitaba la percepción de este fantasma que habían imaginado.[3]

Puede parecer una idea muy loca que alguien pueda inventar un fantasma, pero por supuesto que es posible. Hay casos como el experimento Philip, en los que sucedió de manera intencional, y casos que he investigado en los que sucedió fortuitamente. Esa idea, explicó John, nos remonta a un investigador llamado T. C. Lethbridge, cuya teoría era que el impacto psíquico de una persona al tener un evento traumático, o presenciar uno, podría dejar una impresión en una habitación.

—Cuando alguien más entra ahí, tiene la sensación de pánico o pavor de la persona original, y lo aumenta —dijo—. A lo largo de los años esa energía comienza a formar una identidad. A medida que la gente entra y trata de darle nombre, o trata de hablarle como si fuera una persona, la cosa que está ahí adquiere la identidad de lo que le dicen que es.

»Entonces, no hay un fantasma original, pero el lugar termina embrujado por las personas que están investigando el lugar —agregó.

En inglés a eso se le conoce como *aggregor*. Me encontré con uno en el *Queen Mary*, un antiguo crucero que ahora es un hotel, en Long Beach, California. El barco, a veces llamado «el fantasma gris», fue inaugurado en 1934 y sirvió como transatlántico

---

[3] Wehrstein, K. (2018). «Philip Psychokinesis Experiments». *Psi Enciclopedia*. Londres: The Society for Psychical Research. https://psi-encyclopedia.spr.ac.uk/articles/philip-psychokinesis-experiments. (Consultado el 26 de junio de 2020).

hasta 1967. Tiene una historia larga y muy espeluznante. Durante la Segunda Guerra Mundial el barco de pasajeros británico fue reclutado como buque para transportar soldados. En 1942, mientras llevaba mil soldados de Nueva York a Escocia, lo que entonces se conocía como el RMS *Queen Mary* chocó con el HMS *Curacoa*, su barco de escolta, frente a las costas de Irlanda. Cortó al pequeño barco por la mitad, y más de trescientas personas que iban a bordo se ahogaron.

Además, hay muchas otras muertes espantosas atribuidas a la historia del transatlántico, al menos 49, para ser específicos, y muchas de ellas son difíciles de verificar. Existen diferentes historias, como la de una niña que se ahogó en la piscina del barco, o de un trabajador en las calderas que fue partido por la mitad cuando una puerta pesada se cerró sobre él. Otra historia particularmente escalofriante es la de un hombre que fue arrestado y encerrado solo, dentro de un camarote, por las autoridades, y a quien encontraron sin vísceras, de una forma que él jamás podría habérselo hecho a sí mismo.

Así que, por tales motivos, no sorprende que el barco, que atracó de modo permanente como hotel y museo flotante, en el puerto de Long Beach, ahora tenga muchos fantasmas deambulando por sus pasillos. He logrado ver a muchos de ellos. La última vez que me quedé ahí la lámpara de mi cuarto se encendía y apagaba de una forma que parecía muy deliberada. Aunque, curiosamente, también hay algo sobrenatural en el barco que no es un fantasma.

Después de que lo retiraron como transatlántico, Disney compró el barco porque quería desarrollar un parque temático en el mar. Los encargados de crear las atracciones utilizaron una habitación, la B340, para el prototipo de un camarote que era como la mansión embrujada. Cablearon la habitación para que la duela del piso crujiera cuando nadie caminaba sobre ella, los grifos se abrieran y cerraran solos, y aparecieran caras espeluznantes detrás del espejo.

Si sabes cuánto amo a Disney, puedes imaginar cuánto desearía que eso se hubiera abierto al público. Pero el plan resultó no ser rentable y se canceló. Sin embargo, la habitación todavía tenía la propiedad intelectual de Disney en su interior, por lo que estuvo cerrada durante muchos años. Debido a que la habitación siempre estaba «misteriosamente» cerrada con llave, y ya que la gente conocía la historia del barco y su reputación con fenómenos inexplicables, la B340 fue conocida como la habitación encantada. La gente buscaba constantemente fantasmas en la habitación B340, le atribuían energía negativa al espacio, de ese modo empezaron a formarse cosas en ese lugar.

La última vez que organizamos un evento de Strange Escapes en el *Queen Mary*, Greg y Dana Newkirk y John Tenney estaban realizando investigaciones en esa habitación. A lo largo de la noche formaron pequeños grupos para que la gente investigara el espacio e hiciera preguntas en la oscuridad, en espera de sus respuestas. Greg y Dana llevaron algunos de sus objetos embrujados del Traveling Museum of the Paranormal & Occult, y ella usó las cartas del tarot durante sus investigaciones para leer la energía en la habitación y ayudar a guiar la línea del interrogatorio. Estaban recibiendo respuestas, pero esas declaraciones no eran coherentes de ninguna manera. El único tema común fue la frustración y la ira que había en esas respuestas. Cada vez que preguntaban nombres, no obtenían nada. Fue una de las únicas preguntas que no obtuvo contestación alguna.

—¿Por qué no nos dices tu nombre? —preguntó Greg—. Si no tienes un nombre, este sería un buen momento para darte uno.

—*Inconveniencia.* —Fue la única respuesta.

Se dieron cuenta de que lo más probable era que estuvieran lidiando con un *aggregor*, que se había formado a partir de toda la negatividad que la gente le atribuía a la habitación. No dijo su nombre porque en realidad no tenía un nombre. Y, al parecer, no se había molestado en elegir uno. Cuando hay un espacio como este, que se ha vuelto tan popular por estar embrujado, la gente entra hiperconsciente a la posibilidad de que suceda algo. En la actualidad, el hotel ha aumentado la cantidad de recorridos sobre fantasmas y las experiencias espeluznantes que se pueden hacer ahí. También ha adoptado la historia embrujada del B340, y ha llegado incluso a colocar fotos aterradoras dentro de la habitación, así como adornar las paredes con historias de fantasmas y avistamientos que la gente ha compartido dentro del barco. Hay un tablero de ouija y una bola de cristal en la mesa de la entrada. Entonces, por supuesto, las personas estarán nerviosas al ingresar a ese espacio. Están sensibles a eso, esperan que suceda algo, piensan en todas las situaciones negativas que podrían ocurrir, y esas expectativas dejan una huella. Esa energía se está convirtiendo en una forma de pensamiento que imita las acciones que la gente espera ver en la habitación.

El *aggregor* del *Queen Mary* era de carácter relativamente suave. Hasta donde yo sé, no ha hecho nada más que aparecer en la habitación de vez en cuando. En un episodio de la tercera temporada de *Kindred Spirits*, sin embargo, encontramos uno que era mucho más fuerte y mucho más peligroso.

Adam y yo habíamos estado en la posada Belvoir Winery, en Liberty, Missouri, muchas veces antes de filmar un episodio de *Kindred Spirits*. La propiedad de casi 69 hectáreas había sido en un principio el asilo Odd Fellows Home, y es un punto de acceso paranormal conocido. He organizado ahí muchos eventos de Strange Escapes. Los propietarios percibieron un aumento significativo en la actividad que ahora parecía tener un tono claramente más negativo, por lo que nos pidieron que volviéramos para ver qué estaba pasando ahí.

El inmueble consta de cuatro edificios principales: el orfanato, que ha sido renovado como la bodega y la posada, un hospital, un asilo y una casa de retiro, que ya se encuentran en muy mal estado. Muchos aspirantes a cazadores de fantasmas van ahí para hacer sus primeras investigaciones, pero la gente también acude en busca de señales por parte de sus familiares. Los propietarios, Jesse y Melissa, informaron haber sentido una nueva presencia oscura, en especial en la casa de retiro y en la morgue, bajo ese espacio. Donde antes solo había voces y pasos, ahora se había desarrollado mucho contacto físico, como empujones y tirones de cabello a las mujeres, además de que arrojaban objetos en otras habitaciones.

No nos tomó mucho tiempo encontrar estos sucesos extraños en Belvoir. Incluso antes de que comenzáramos nuestra investigación, puse baterías nuevas a mi grabadora, y al momento de encenderla, se apagó de inmediato.

—¿No quieres que te grabemos? —preguntó Adam.

Entonces vi algo al final del pasillo. Parecía que había una sombra. Se me puso la piel de gallina. En ese momento tenía todos los vellos de mi cuerpo erizados.

Así que, por supuesto, caminé directo hacia eso.

—¿Alguna vez has pensado en lo locos que estamos? —le pregunté a Adam—. Hay una gran sombra de ese lado. Déjame caminar hasta allá. Dejaré mi grabadora junto a ella.

Atravesamos la casa de retiro y entramos en el asilo adjunto. Pero al instante en el que llegamos ahí escuché la voz de un niño en la distancia. Adam y yo tuvimos la impresión de que un espíritu estaba tratando de ayudarnos y su propósito era dirigirnos fuera del área donde sucedían cosas malas. ¿Qué diablos había ahí que hasta estaban tratando de mantenernos alejados?

—Entiendo que estás tratando de ayudarnos —dijo Adam—, pero no tenemos otra opción.

En la casa de retiro vi algo oscuro que se arrastraba por el techo. De inmediato supe que eso no era humano. Una persona no se mueve así. Ambos tuvimos la impresión de que fuera lo que fuera, *definitivamente* estaba intentando asustarnos.

Y eso fue todo durante la primera noche.

Al día siguiente, Chip Coffey y John Tenney se unieron a nosotros para ayudarnos a investigar. Podríamos haber revisado los registros de la casa durante semanas, pero John rápidamente se dio cuenta de una cosa que parecía extraña: había un hombre en la casa que había exhibido un comportamiento violento; había sacado un cuchillo frente a una enfermera antes de quitarse la vida. Inexplicablemente, no pudimos tener una idea clara de su nombre. Entre los registros del hospital, recortes de periódicos del incidente y su lápida, el nombre de este hombre estaba escrito de seis maneras diferentes.

Esa noche investigamos de nuevo la casa de retiro. Ahí recogimos un EVP de la habitación 19, aunque tuvimos problemas para encontrar la habitación porque faltaban los números en las puertas. Mientras pasábamos por una habitación que tenía un nueve en la entrada, sentí que algo me tocaba la espalda, no de una manera aterradora, sino como si me estuviera diciendo que me detuviera ahí. Entonces iniciamos una sesión de EVP.

—Estamos buscando a un hombre que se quitó la vida —pregunté—. ¿Frederick o Fred?

—*Fred* —escuchamos.

—Tenemos varios apellidos —dije. John los enumeró.

—*Lietze.*

Fred Lietze murió hace décadas y, hasta ese entonces, su verdadero nombre había muerto con él. Cuando le devolvimos el nombre a ese hombre, fue un momento increíble para mí. En definitiva no se sentía como si él fuera la presencia amenazante.

Así que volvimos a la casa de retiro.

—Ya me está molestando —dijo Chip, tan pronto como entramos—. Nos querías aquí, y aquí estamos. —Al instante captó algo oscuro. Y, en ese momento, todos escuchamos la voz de ese niño, la misma que Adam y yo oímos la noche anterior, esa que nos había tratado de sacar de ahí.

»En definitiva hay algo por el simple hecho de que todavía hay almas inocentes que siguen aquí —agregó Chip, refiriéndose a algo oscuro que estaba en el espacio debido a toda la actividad paranormal de los fantasmas que aún permanecían ahí, y por todas las personas que los buscaban.

—Viene por los niños.

La actividad más oscura y los ataques físicos más violentos habían ocurrido en la morgue. Bajamos las escaleras.

Cuando entramos en la morgue, John agachó la cabeza, como si fuera a chocar con algo que colgaba del techo, solo que ahí no había nada. Adam sacó la cámara SLS. La cosa que había estado arrastrándose por el techo la noche anterior ahora estaba justo arriba de nosotros.

—Le dije a Amy que mientras no se arrastrara por el techo todo estaría bien —comentó John más tarde—. Y lo siguiente que sucedió fue que vimos algo serpentear por el techo.

—Nos tienes en la oscuridad —dije en una sesión de EVP—. ¿Qué es lo que quieres decirnos? ¿Cómo te llamas?

Nada.

—¿Tienes un nombre? —preguntó Adam.

Nada.

—¿Sabes quién es Chip?

—*Yo soy Chip.*

—Podrías ahorrarnos mucho trabajo si te vas ahora mismo, por tu cuenta —dijo Adam.

Algo agarró el brazo de Chip. La voz que respondía en la grabadora parecía ruidosa y enojada, pero no hubo palabras. Se agitó mucho cuando le dijimos que se fuera. Estaba tratando de juntar información sobre nosotros y averiguar de qué éramos capaces. Cuando nos dimos cuenta de que estaba imitando lo que estábamos haciendo para tratar que otros interactuaran con él, confirmamos que estábamos tratando con un *aggregor*.

—Es raro —explicó John—. Un *aggregor* puede nacer de las preocupaciones y temores que la gente tiene sobre este complejo de edificios. Puede volverse más poderoso a medida que absorbe las energías masivas y espirituales que cubren este lugar.

Después de que concluyó el caso, John agregó que el ente estaba respondiendo a nuestras emociones. Cuanto más asustados estábamos, más físicas y oscuras se volvían las respuestas del *aggregor*.

—Estaba escuchándonos y tratando de ser lo que queríamos que fuera —dijo—. Nuestra intención era afectar lo que había en el edificio.

Por intención, no se refiere a que nosotros deseábamos que hubiera algo terrible ahí, sino que creíamos que algo terrible ya estaba ahí, y cuanto más seguros estábamos de que esto era cierto, peor se volvía su comportamiento. Y se fortalecería a medida que las personas compartieran las historias sobre sus experiencias ahí. Las siguientes personas que entren quizá encontrarán algo aún más serio, porque sus expectativas de encontrar algo aterrador se habrán basado en los temores ya acrecentados de otros.

Esa fue una de las apariciones más negativas que jamás haya experimentado, creada por las mismas personas que entran en ese espacio una y otra vez, experimentan cosas negativas y suman energía indeseable en ese lugar. Entonces, a medida que se hizo más fuerte, pudo absorber la energía de otros espíritus, como la de los niños del orfanato. A eso se refería Chip cuando dijo que iba por los niños.

Nuestra única oportunidad para lograr que esta forma de pensamiento se fuera era atacarla con su opuesto: energía positiva. Al día siguiente reunimos a todas las personas que pudimos, las cuales habían tenido una experiencia feliz en Belvoir. Las reunimos a todas y les pedimos que nos ayudaran a infundir todas las experiencias felices que habían experimentado ahí, en la casa de retiro.

—Quiero que piensen en la experiencia más positiva y feliz que hayan tenido con este edificio —dije— y necesito que visualicen una luz dentro de ustedes. Por favor, inyecten a este edificio con ese momento positivo.

—Repitan conmigo: no eres bienvenido. Estás expulsado —dijo Adam. Todos lo hicieron.

A medida que construimos nuestra intención positiva y la vertimos en el edificio, yo podía sentir que funcionaba. El espacio se sentía más ligero. Ahora dependerá de la gente que está ahí mantener el flujo de energía positiva y lograr que el *aggregor* permanezca alejado.

A VECES ES UN ANIMAL FANTASMA

En un episodio de *Ghost Hunters* nos encontrábamos en Jefferson City, Missouri, en la Penitenciaría del estado de Missouri. La penitenciaría se inauguró en 1836 y albergó a reclusos durante 168 años hasta que cerró en 2004. Una vez, *Time* la llamó «los 47 acres más sangrientos de Estados Unidos» por su larga historia de disturbios violentos y ejecuciones por pena de muerte.

Adam y yo estábamos investigando juntos y escuchamos un ruido en otra habitación. Sin embargo, las cámaras no estaban funcionando, y ya que no podemos pedirles a los fantasmas que solo aparezcan cuando estamos filmando, fuimos a investigar de todas formas. Que la prisión tenga «calabozos» subterráneos debería dar una idea de lo desagradable que era. Entonces, por supuesto, nos dirigimos por un pasillo oscuro para poder confirmar lo que habíamos oído.

El ruido se hizo más y más fuerte a medida que nos acercábamos; más solos nos quedamos. No había camarógrafo con nosotros, ni nadie que nos dijera si algo realmente horrible había sucedido.

Nos acercamos.

Y nos acercamos más.

Y en ese momento un mapache enorme saltó desde el interior de un bote de basura y se abalanzó directo sobre nosotros.

Nunca habíamos corrido tan rápido en nuestra vida. Básicamente saltamos un tramo completo de escaleras. Fue una locura.

Así que sí, no siempre es un fantasma. Pero, por supuesto, siempre da miedo.

Capítulo 7

NO HAY UNA FORMA CORRECTA DE ENCONTRAR ESPÍRITUS

SI ALGUNA VEZ has hecho una investigación, ya sabes que no hay una «manera correcta o incorrecta» de buscar evidencia paranormal. Hay métodos que a veces producen resultados más confiables que otros, pero estos medios varían de persona a persona. Tal vez alguien tenga la habilidad de hacer las preguntas correctas y obtener respuestas de EVP realmente sólidas, o tal vez destaquemos al momento de notar anomalías minúsculas en un video que otras personas no suelen ver. Yo, por ejemplo, conservo métodos a los que vuelvo más que a otros. No obstante, a la investigadora que hay en mí le encanta aprender sobre nuevas técnicas y, con el tiempo, me gustaría desarrollar mis propias estrategias de investigación. Es muy emocionante para mí traer a investigadores externos y a expertos paranormales debido a sus diferentes puntos de vista en cuanto a la investigación. Cuando reunimos nuestras mentes, a menudo se nos ocurren estrategias inusuales que Adam y yo no podríamos elaborar por completo nosotros solos. Como ejemplo, en un caso de la tercera temporada de *Kindred Spirits*, un mazo de cartas del tarot resultó ser la clave para saber quién estaba provocando la actividad en un hogar.

Sharon nos llamó para ir a su casa, en Willington, Connecticut, porque temía por la vida de sus dos hijos. Había sobrevivido a pérdidas inimaginables: uno de sus hijos había muerto en el parto y otros dos murieron en accidentes automovilísticos cuando ya eran adultos. Sharon pensó que tenía algún tipo de oscuridad dentro de ella, la cual estaba causando tantas tragedias en su familia.

—A todo el mundo le pasan cosas malas, pero no como a mí —dijo—. ¿Quién tiene que enterrar a tres de sus hijos?

Había visto orbes en la casa, y pensó que podrían estar relacionados con su hija, Miranda, que había muerto apenas unos años antes. Su hijo, Brady, escuchó voces que intentaban hablar con él, en su habitación. Y su hija, Anna, escuchó ruidos de golpes en su habitación, y una vez una voz incorpórea le pidió ayuda.

Anna tenía un mazo de cartas del tarot en su dormitorio, que alguna vez había pertenecido a Miranda. Se lo había regalado a Anna cuando cumplió 18 años. Esa fue la última vez que vio a Miranda con vida. Anna dijo que había tratado de usar las cartas, «Pero cuando intentaba hacer una lectura, me asustaba».

En esa misma conversación, Anna nos dijo que su hermana y su madre habían tenido una relación difícil y que no se hablaban en el momento en el que Miranda había muerto.

Como sospechábamos que Miranda podría estar en la casa, durante la investigación de esa noche, Adam y yo decidimos usar esas cartas del tarot como objeto desencadenante. A veces, cuando pensamos que la actividad proviene de cierta persona, usamos sus pertenencias para ayudar a atraerla y para darles a los espíritus algo familiar a lo que se puedan aferrar. Esa noche funcionó. Al instante en el que conectamos las cartas al sensor de proximidad, que nos indica cuando una entidad está haciendo contacto con un objeto, este se activó.

—¿Esta es tu casa? —pregunté en una sesión de EVP—. Siento que, probablemente, es muy frustrante para ti estar en esa posición en la que nadie puede verte ni escucharte, pero podemos intentar con el mazo de cartas que traemos para volver a verte y escucharte.

—*Estoy aquí.* —Escuchamos como respuesta.

Esa voz se oyó tan fuerte que nos sobresaltamos. La persona estaba claramente enojada, pero no podíamos saber de dónde venía su ira. Si Miranda era quien estaba ahí, tendría sentido que ahora estuviera intentando corregir la situación con su familia. Pero no pudimos determinar si en realidad era ella ni qué podría querer. Esa noche el resto de la investigación transcurrió en silencio.

Entonces llevamos a Dana Newkirk para ayudarnos. Dana es investigadora de lo paranormal y también practicante de brujería, y utiliza su baraja de tarot en todas sus investigaciones.

—Cuando investigamos, mis herramientas preferidas son siempre las metafísicas —dijo—. Saco las cartas y solo digo: «¿Qué está pasando aquí?».

Las cartas que saca del mazo le dan a Dana una idea de lo que está sucediendo, en especial le dicen qué pasa con la energía en determinado espacio.

Esa noche sacó primero la carta de Templanza.

—Es la carta del equilibrio —dijo Dana—. Algo se ha desequilibrado en esta casa.

A continuación salió el As de copas, que es un indicador de desequilibrio emocional.

—El As nos dice, específicamente, que en esta casa todas las emociones están en un estado de flujo debido a este desequilibrio —explicó—. El desequilibrio emocional está provocando la actividad en la casa.

Iniciamos otra sesión de EVP.

—¿Puedes decirnos tu nombre? —pregunté.

—*Randa.* Anna explicó que ese era el apodo de Miranda.

—¿Crees que los problemas de esta casa se puedan solucionar?

—*Sí.*

Ya habíamos trabajado con Sharon en la parte de arriba de la casa, para ayudarla a expulsar cualquier oscuridad que sintiera unida a ella. Pero la clave para poder auxiliar al fantasma de Miranda era lograr que ella y su madre tuvieran una conversación. Llevamos a Sharon abajo, a la habitación de Anna, donde habíamos estado usando el tarot la noche anterior. Previamente, Anna nos había explicado que ella y su madre tenían una dinámica complicada, de forma similar a la que Miranda tenía con Sharon, así que había mucha tensión entre ellas. Sospechábamos que Miranda se quedaba en la casa para tratar de ayudar a su hermana.

—Muy bien, Miranda, sabemos que estás aquí abajo —le dije en una sesión de EVP—. Hablamos contigo. Trajimos a tu mamá. ¿Es eso lo que quieres que hagamos para arreglar las cosas?

—*Sí* —respondió ella.

—¿Quieres que tu mamá y Anna tengan una relación amorosa?

—*Sí.*

Le pedimos a Sharon que le diera un mensaje a Miranda.

—La quiero mucho —dijo—. La extraño. Lamento mucho lo que le pasó. Lucho por ella todos los días. Ella es mi niña. Ella sigue siendo mi niña.

—Miranda, sé que estás con nosotros para facilitar esto —dijo Adam—. Valoramos que estés aquí y nos ayudes con esta labor porque es muy importante. Así que, cuando estés lista para irte, puedes hacerlo.

En ese momento todos escuchamos pasos en la parte de arriba. Pasos pesados que cruzaban la habitación, como si alguien se fuera.

—Miranda —continuó él—, ¿sigues aquí?

Nada. No hubo ningún tipo de respuesta. Cada vez que Miranda nos hablaba esa noche, el K-II se encendía. Después de oír los pasos, estaba completamente oscuro y así permaneció.

En ese caso, usar el mazo de tarot de Miranda como objeto desencadenante fue la clave que nos abrió el resto de la investigación.

Lo mismo sucedió en la cuarta temporada, cuando investigamos el Randolph County Asylum/Infirmary, en Winchester, Indiana. Nos pusimos en contacto con Harry *Peg* Dunn (¿recuerdas a ese bromista que asustaba a la gente solo por diversión?) porque usamos la prótesis de su pierna como objeto detonador. Incluso en el más allá, todavía tenía un apego a eso que lo ayudó a caminar en la vida.

Sin embargo, a veces el objeto en cuestión no tiene que estar unido a un espíritu específico para ayudarnos a establecer contacto. Esto es aún más cierto en el caso de los objetos embrujados, pues tienen un papel sorprendentemente útil en la investigación paranormal. Ha habido muchas ocasiones en las que la respuesta a un caso se dio porque un objeto estaba encantado, como en el May-Stringer House Museum, en Brooksville, Florida, donde los guías turísticos nos informaron de una actividad oscura que resultó estar ligada a un baúl embrujado del museo, y que investigamos en la cuarta temporada de *Kindred*. Por último en ciertos casos, traemos artefactos con alta energía, intencionalmente, para que actúen como objetos desencadenantes en una investigación.

Además de producir *Hellier* y ser investigadores paranormales, Dana y Greg Newkirk también se especializan en curar y estudiar objetos embrujados. Dirigen el Traveling Museum of the Paranormal & Occult , que es una colección enorme de artefactos que están embrujados o que tienen fuertes vínculos con lo sobrenatural. (Antes de que el lector pregunte, sí, ellos guardan todas las cosas embrujadas en su casa).

—Tenemos una visión muy diferente sobre los objetos embrujados que la de cualquier persona que hayamos conocido —dijo Greg—. Cuando la mayoría de la gente piensa en un objeto embrujado, imaginan juguetes antiguos y aterradores como Annabelle (la muñeca supuestamente embrujada investigada por Ed y Lorraine Warren, cuya historia se ha convertido en tres películas de terror desde 2014), y estas cosas que quieren lastimarte y arrastrarte al infierno.

—Esa para nada ha sido nuestra experiencia —continuó Greg—. Creo que la razón por la que no hemos tenido ese tipo de descubrimientos es porque nunca tuvimos esa intención. Nuestro lema siempre ha sido: «La curiosidad por el miedo». Si se tiene miedo de algo, nunca aprenderás nada sobre eso.

Greg y Dana han llevado artefactos de su museo itinerante a muchos eventos de Strange Escapes, a todas partes, desde Nueva Inglaterra hasta Hawái, y hasta a cruceros por el Caribe. La colección incluye elementos como un espejo oscuro que muestra a las personas sus peores temores, también la réplica de una escultura de madera de una anciana, la cual era tan inestable y trajo consigo tanta actividad negativa que la original tuvo que ser devuelta al bosque donde había sido encontrada, asimismo, fue silenciada por medio de un ritual mágico que Dana dirigió con otras cien brujas de todo el mundo.

Dejando de lado las historias de miedo, los Newkirk y su colección embrujada han agregado componentes esenciales para realizar algunas investigaciones verdaderamente fascinantes. Una vez, en un Strange Escapes, en la isla Mackinac, en Míchigan, llevaron un viejo vestido de novia del siglo XIX. El vestido se lo había regalado un hombre de Nueva Inglaterra, quien veía a una mujer vestida de blanco caminar por su casa. Así que les pidió ayuda a Greg y Dana, y ellos le respondieron que debía observar por dónde caminaba la mujer para tratar de averiguar qué quería. Fue así como encontró un cofre en su desván que contenía el vestido de novia. Al momento de entregar el vestido al museo, el fantasma de su casa dejó de aparecer.

Sin embargo, Greg y Dana nunca habían tenido mucha actividad con el vestido en sí. Todo eso cambió en la isla. Lo usaron como parte de una investigación con el Método Estes, y atrajo una presencia evidentemente femenina al hotel. Ella nos contó que era una invitada en el hotel y que había ido ahí con su familia. El fantasma se concentró en el vestido de novia porque ella ya quería casarse.

Pero aquí es donde todo se pone extraño. La emoción que este espíritu femenino de Mackinac tenía por el vestido de boda llamó la atención de la verdadera novia. La dueña del vestido por fin empezó a hablar, porque el espíritu local con el que se comunicaban Greg y Dana la atrajo. La fantasmal huésped del hotel facilitó una conversación entre los Newkirk y otro espíritu con el que no habían podido contactar hasta ese momento. Era como si el vestido hubiera hecho surgir a un fantasma en el hotel, y luego la huésped del hotel hubiera hecho surgir a la dueña del vestido.

Los objetos embrujados, explicó Dana, funcionan como un medio para enfocar la intención en una investigación, no solo para las personas que viven ahí, sino también para los fantasmas.

—Si alguien tiene un objeto que ha tenido una gran impresión psíquica y una gran energía proyectada en él —explicó—, puede actuar como un objeto desencadenante, entonces, este crea energía y un espacio para que las cosas puedan comunicarse. Es casi como si tal objeto provocara que aparecieran, porque piensan: «No sé qué es eso». En verdad, genera mucha curiosidad por parte de los espíritus.

Hemos utilizado objetos como el vestido en muchas investigaciones. Pueden ser muy útiles en situaciones en las que visitamos lugares que ya habíamos investigado antes, como el *Queen Mary*. Estos objetos embrujados tienen una energía diferente y, por lo tanto, atraen una energía distinta a la que presenciamos en inspecciones anteriores.

Aprovechar investigaciones previas y tener la libertad de experimentar con nuevas técnicas es lo que más me gusta de los casos a largo plazo. Es raro llegar a estudiar un lugar durante un lapso de años, pero a veces sucede. Mi favorito de todos esos lugares es el Mount Washington Hotel, en Bretton Woods, Nuevo Hampshire.

Cada vez que voy, aprendo más sobre los espíritus que residen ahí. Strange Escapes organiza un evento ahí cada otoño, pero también regreso en otros momentos, varias veces al año, solo que en las vacaciones cortas. En realidad es como mi propia Haunted Mansion, pero sin la cara de Walt Disney en una estatua que canta sobre «fantasmas sombríos y sonrientes» que «salen a socializar». Bueno, los fantasmas en definitiva están ahí y por supuesto que están socializando, pero no sabría si Walt está ahí o no… quizá no.

En este punto de mi vida he escuchado docenas y docenas de historias de fantasmas que suceden en el hotel de parte del personal, de otros invitados, de los bichos raros que vienen a nuestros eventos paranormales y hasta de mis amigos. Sin siquiera hacerlo intencionalmente, he estado realizando mi propio estudio de caso durante varios años en el hotel, a partir de mis propias observaciones y de la información que he recopilado con base en mis visitas.

Lo que he descubierto es que algo bastante extraño sucede en este hotel. Llama la atención, sobre todo, el tipo de espíritus que atrae.

La primera vez que fui al Mount Washington fue para un evento que yo ayudaba a organizar, antes de comenzar Strange Escapes. Caminaba por el hotel con Britt Griffith, con quien estaba preparando el evento. Era medianoche, pero queríamos tener una idea sobre cómo era el espacio. Recorrimos distintos espacios y la última habitación que atravesamos fue el salón de baile. Cuando nos íbamos dije:

—Bueno, espero que este lugar de verdad esté embrujado.

En ese momento ambos escuchamos una fuerte risa. Sin lugar a dudas provenía de una mujer que estaba en el salón de baile con nosotros. ¿El único problema? Que eran como las tres de la mañana y estábamos completamente solos. Por lo tanto, desde la primera hora que estuve ahí me aficioné a ese lugar. Todavía me da escalofríos pensar en eso. No me di cuenta en ese momento, pero ese fue el comienzo de lo que sería casi como una amistad con el hotel. Siento que he forjado una conexión con ese espacio, solo por la cantidad de veces que lo he visitado y por todas las experiencias que he vivido ahí.

La princesa Carolyn, la esposa de Joseph Stickney (el hombre que construyó el hotel y cuyo retrato está y no está colgado en el vestíbulo), desde luego no es el único fantasma en el Mount Washington. Su espíritu siempre está ahí, ya que, como te conté antes, siempre hay un lugar puesto para ella en el comedor. Además, hay retratos de ella colgados en las paredes. Estos retratos incluyen uno en el que está de pie en el balcón secreto, donde observaba a todas las mujeres entrar al comedor y evaluaba su ropa para poder ponerse algo superior y ser así la mejor vestida en la cena. Pero su espíritu no siempre está ahí o, al menos, no está disponible para charlar todo el tiempo.

Además de las veces que hablé con Carolyn, también hablé con un hombre muy gruñón en la Habitación de la Princesa, que en serio no quería tener nada que ver con nosotros. Las luces de mi habitación se encendían y se apagaban una y otra vez, porque el interruptor de la luz se movía hacia arriba después de que yo lo había movido hacia abajo. También he escuchado golpes fuertes en la puerta, en medio de la noche, que me asustaban porque yo sabía que no había nadie en el pasillo.

Una vez Adam estaba dirigiendo una investigación en una *suite* de las antiguas torres, en las que ahora ya no se nos permite entrar. Están tan deterioradas que no es seguro estar ahí. Le estaba contando al grupo sobre las precauciones de seguridad y, mientras hablaba, notó que una mujer lo miraba fijo. Tenía el cabello negro, vestía una sudadera roja y pants grises, y sostenía una botella de Coca-Cola Light. Él dijo:

—¿Puedo ayudarte en algo? Ya puedes ir a investigar.

—No —dijo ella—. Quiero quedarme contigo.

—Está bien —accedió Adam—. Escuchaste las reglas, ¿verdad?

—No —respondió ella.

Él le dijo adónde era seguro ir.

—Y no entres en esta habitación —advirtió, tratando de restarle importancia a la incómoda situación— porque podrías tropezar, caer por el tragaluz y morir.

Ella lo miró.

—Eso estaría bien —dijo ella.

En ese momento Adam notó que la botella de refresco que ella sostenía estaba sucia.

—Espera un segundo —dijo, y giró la cabeza para ver a algunas personas que investigaban en otra habitación. Mientras lo hacía, se dio cuenta de que la mujer no había estado usando el cordón que les dimos a todos los asistentes al iniciar el evento y que debía haberse colado—. Oye, ¿puedo ver?… —preguntó, mientras volteaba la cabeza hacia ella.

Ella ya no estaba. Y no había forma de que hubiera tenido tiempo de salir por la puerta de la *suite*, y de ninguna manera podría haberlo hecho en silencio, incluso si solo hubiera tratado de ocultarse. La puerta y el suelo eran demasiado ruidosos.

Quizá era ella a quien estaban buscando todo ese tiempo.

Escuchar sobre esa experiencia todavía me pone la piel de gallina, pero el encuentro más espeluznante que he escuchado sobre el Mount Washington Hotel les sucedió a unos amigos míos.

Kiel y Sarah Patrick, quienes fundaron la compañía de ropa Kiel James Patrick, han estado visitando el Mount Washington Hotel durante años. De hecho, han alquilado la Habitación de la Princesa para celebrar Año Nuevo en varias ocasiones. En la víspera del nuevo año 2016 fueron a la fiesta en el salón de baile, y luego invitaron a sus amigos a esa habitación para continuar con el festejo. (Debo aclarar: no eligieron la habitación por los fantasmas. En ese momento los espíritus no estaban presentes en ese sitio. La habitación tiene un espacio grande y abierto que es perfecto para que grupos pequeños puedan divertirse).

Esa noche un hombre mayor llamado Steve logró unirse a su grupo. Él hablaba y hablaba de lo drogado que estaba y decía que quería hablar con las «chicas». No era bienvenido, pero se negó a irse, lo acompañaba uno de sus amigos.

Steve se drogó por segunda vez cuando alguien que se iba abrió la puerta y lo descubrió. Kiel por fin llamó a seguridad para que lo sacaran. Se fue solo, y después los guardias no pudieron encontrar ningún rastro de él.

Extraño, pero hasta ahí todo bien.

Casi tres años después Kiel y Sarah regresaron a Nuevo Hampshire para el Strange Escapes. Mientras ocurrían las investigaciones, ellos ya estaban acostados. De repente la luz de noche se apagó y la puerta del baño se cerró de golpe. Al mismo tiempo yo les estaba enviando mensajes de texto preguntándoles si estaban despiertos. Todos los EVP que aparecían en la Habitación de la Princesa eran de un tipo llamado Steve, que preguntaba por Kiel, decía que estaba muy drogado y que quería hablar con las chicas.

El grupo no conocía a Kiel ni a Sarah. No había posibilidad de que alguien en la Habitación de la Princesa hubiera escuchado su historia de hace años.

El hombre que estaba en su fiesta era un fantasma.

Además de ser sumamente espeluznante, su experiencia plantea otro asunto interesante que he observado sobre el hotel: los fantasmas nos recuerdan. Cuando vuelvo, siento que siempre saben quién soy y que retomamos la investigación donde la dejamos. Muchas veces he capturado EVP que dicen: «Hola, Amy», tanto en la Habitación de la Princesa como en otros espacios. Otras personas me han informado sobre experiencias similares. Una de nuestras «escapistas», como me gusta llamarlos, jura que hay una presencia en los baños del vestíbulo que la recuerda de una visita a otra. Y Greg Newkirk una vez estaba repitiendo un experimento EVP en el que decía «toc, toc», con la intención de que alguien respondiera: «¿Quién está ahí?», lo que consiguió es que un fantasma estuviera tan aburrido del juego que dijo, en la respuesta más clara de la noche: «Ay, esta broma otra vez no».

John Tenney ha planteado la hipótesis de que, además de estos espíritus que parecen reconocernos cuando regresamos, puede haber fantasmas que usan el edificio para divertirse, al igual que nosotros.

—Debido a que el lugar es un centro turístico, los fantasmas también lo usan como su centro de entretenimiento —dijo.

Es por eso que muchos de los espíritus que encontramos son transitorios y no los volvemos a encontrar, porque un hotel es por naturaleza un espacio en constante movimiento.

—Si vienes en ciertas temporadas, vas a encontrar de nuevo a esa persona porque va ahí como lo haría en su vida —explicó—. Se apegan a su calendario de vacaciones. En vida hicieron algo una y otra vez, y una vez que murieron no lo dejaron de hacer. Siguen viniendo de visita.

John suele ver la mayor parte de la actividad paranormal a altas horas de la noche, cuando alguien delante de él dobla una esquina en el pasillo y desaparece.

—Si los fantasmas tienen la capacidad de ir a cualquier parte porque ya no están encerrados en una forma física, ¿por qué no querrían ir a los lugares que amaban cuando estaban vivos? —dijo John.

Creo que esa es la razón por la que a la princesa Carolyn no le gusta hablar con personas que intentan ponerse en contacto con ella. Solo piénsalo: si tuviéramos gente que interrumpe nuestras vacaciones cada cinco minutos para hacernos las mismas tres preguntas de siempre, también nos cansaríamos.

Dana Newkirk cree que las personas vivas que visitan el hotel también tienen algo que ver con el tipo de fantasmas que lo visitan.

—Creo que es muy probable que la gente venga al hotel sabiendo que está embrujado y queriendo comunicarse con lo que hay aquí. Están trayendo esa intención directamente al espacio y ayudando a cambiar su frecuencia —dijo—. Es imposible que alguien llegue al hotel y no se pregunte si está embrujado. Incluso si nunca ha escuchado sobre él, no es posible llegar a este hotel y no pensarlo de inmediato.

Ella no está equivocada. El hotel blanco, reluciente, con su techo rojo vivo, causa una primera impresión dramática. Está apartado de la carretera, tiene un camino largo y sinuoso hasta el frente, y contrasta de manera muy marcada con el Mount Washington que está detrás de él, que es el pico más alto de la costa este y casi siempre está cubierto de nieve, incluso en verano. Hay algo a la vez atractivo y llamativo en ese lugar. Hasta con su imponente estatura, el edificio atrae. Me pregunto si alguien ha pasado por delante y ha podido resistir preguntarse cómo es por dentro.

Otra cosa que me resulta curiosa es que las experiencias paranormales más vívidas tienden a ocurrir con espíritus que solo están por un periodo limitado. Hay tantas historias, como la de Adam, la de Kiel y la de Sarah, que presentan personas específicamente de las décadas de 1970 y 1980 (al menos parece que son de esa época, por su vestimenta y su comportamiento). Casi creo que en el hotel hay algún tipo de extraño cambio dimensional o de viaje en el tiempo que conecta el presente con esa época. Esa es la parte de la experiencia que casi se siente como *El resplandor*: hay otro periodo de tiempo que sucede con nuestra realidad en el mismo momento y espacio. ¿Qué hay de particular en ese periodo de tiempo? ¿Pasó algo ahí que no sabemos? Con el tiempo espero saber la respuesta, por ahora la desconozco.

Puede parecer extraño que los espíritus que he observado no sean, en su mayoría, de la edad de oro del Mount Washington, como gran hotel a principios del siglo XX. Pero eso es lo que pasa con los lugares que tienen fuertes vínculos con ciertos periodos de tiempo o eventos históricos. Cuando algunos investigadores entran, tienden a centrarse solo en esa época. En esos casos, sus nociones preconcebidas sobre el periodo de tiempo al que podría estar vinculada la actividad a menudo excluyen décadas (o incluso siglos) de historia que está fuera de un gran evento histórico.

Cuando Adam y yo investigamos la Casa Farnsworth, en Gettysburg, Pensilvania, en la tercera temporada de *Kindred*, a pesar de que estábamos analizando un lugar que tuvo un gran significado histórico durante la Guerra Civil, la resolución del caso no tuvo nada que ver con este evento en absoluto. (Alerta de *spoiler*: en realidad había un espejo embrujado).

John cree que, en el Mount Washington, los lazos creados con un tipo tan específico de fantasma podrían tener algo que ver con el hecho de que la gente se divierte tanto en el hotel que los espíritus también obtienen alegría de eso. El hotel es por lo general un lugar de reunión feliz, donde se celebran bodas y eventos de gala cientos de veces al año.

—Los fantasmas podrían estar respondiendo a la energía amplificada. No lo sabemos —dijo—, pero nuestro estado emocional de felicidad extrema podría ser como si ellos estuvieran borrachos.

»De repente, tienen el poder de manifestarse; alguien les está hablando, y todos se divierten, y, súbitamente, no saben por qué se están comunicando —continuó John—. Cuando se habla con una persona borracha, solo da respuestas a medias y deambula por caminos por los que en realidad no tiene la intención de deambular. Muchas veces parece que estás en una fiesta y se comunica con un espíritu. En Mount Washington, en particular, casi se comunican de la misma manera.

Mount Washington Hotel tiene muchos secretos entre sus paredes, y yo todavía los estoy descubriendo. Hay un bar en el sótano que era un auténtico lugar clandestino durante la Prohibición. Hay una trampa en el piso que conduce a la habitación de abajo. He estado ahí, pero en la actualidad ya no hay acceso. Lo mismo sucede con las habitaciones de la torre que no fueron rehabilitadas. Ese hotel tiene muchos escondites y los fantasmas actúan en consecuencia a ello. Es extraño, pero me atrae. Para mí es un lugar feliz. Una vez Charlotte y yo estuvimos ahí, y solo otras dos habitaciones estaban ocupadas. Casi teníamos todo el lugar para nosotras solas. Podrías pensar que eso fue espeluznante, pero me sentí totalmente a gusto. Aunque, repito, me gustan las cosas raras… y aún creo que hay más partes de la historia que no hemos descubierto.

—No solo es un hotel para humanos, sino que parece ser un hotel para fantasmas —dijo John—. Se registran, se quedan por un tiempo y luego se van.

Él piensa que la naturaleza misma del edificio se suma a las experiencias sobrenaturales del lugar.

—La gente muchas veces va a los hoteles cuando tiene secretos: para tener aventuras, para alejarse de una persona que no les gusta, para escaparse en un fin de semana romántico. Los fantasmas hacen las mismas cosas y llevan secretos consigo, eso es parte de la razón por la que los encuentros fantasmales en el hotel son casi siempre muy breves. A veces empiezan a conversar y se dan cuenta de que están revelando un secreto y dejan de hablar. Pero ahora conoces un detalle de ese secreto, y es posible que nunca tengas la oportunidad de resolverlo, porque ese fantasma podría no volver nunca más ahí.

Hay otro caso en el que también he estado trabajando desde que empecé a investigar sobre el Mount Washington Hotel. Ese está un poco más cerca de mi casa. Se trata de un fantasma en particular que he estado buscando durante más de una década.

La casa de Lizzie Borden, en Fall River, Massachusetts, es el sitio de uno de los crímenes más infames de Estados Unidos. Incluso si no sabes mucho sobre la historia de Nueva Inglaterra, es probable que hayas escuchado la rima sobre *el hacha y los cuarenta golpes*. Andrew y Abby Borden fueron asesinados con un hacha en 1892, y la hija de Andrew (la hijastra de Abby), Lizzie, fue juzgada y absuelta del crimen. El juicio se convirtió en una de las noticias de mayor circulación en la época, y aunque Lizzie fue liberada, el pueblo nunca la perdonó realmente, ya que sospechaban que ella era la verdadera asesina.

Debido a que vivo en el área, voy a investigar esa casa a menudo. Durante los últimos diez años probablemente he ido ahí una docena de veces para investigar, tanto con grupos pequeños como para filmar episodios de televisión. En la tercera temporada de *Kindred Spirits* investigamos la casa de Lizzie Borden porque una de las guías, Sue, sintió que estaba siendo el blanco de un tipo distinto de actividad. Establecimos contacto con quien creíamos que era Andrew Borden, pero descubrimos que la actividad que estábamos investigando en realidad provenía de los abuelos de Sue, quienes intentaban avisarle que estaban esperando a su padre enfermo cuando él estuviera listo para avanzar. Él falleció unos días después de que investigamos la casa. Espero que el saber que los padres de su papá lo estaban esperando haya hecho que el dolor de Sue fuera un poco más soportable.

A lo largo de los años he sido testigo de una gran cantidad de actividad paranormal en la casa donde ocurrieron los asesinatos. Es un muy buen lugar para llevar a personas que apenas están aprendiendo a investigar, porque casi siempre sucede algo ahí. Cuanto más investigo la casa Borden, más me doy cuenta de que, aunque hay actividad intensa, ninguna interactúa conmigo. Supongo que lo que está ocurriendo en la casa es que se convirtió en un refugio altamente fraccionario, donde hay mucha energía en el espacio, pero que no proviene necesariamente de fantasmas activos. Creo que la energía sobrenatural aumenta cuando las personas que entran en la casa conocen los asesinatos y las leyendas sobre Lizzie, y todas traen consigo especulaciones y esperanzas de ver algo espeluznante. Hay artefactos y recortes de periódicos por toda la casa y en la tienda de regalos. La energía de la casa Borden se alimenta a menudo y muy bien de uno de los crímenes reales más notorios en la historia de Estados Unidos.

De todas las veces que he estado en esa casa, nunca he hablado con Lizzie Borden. Pero en la cuarta temporada de *Kindred* Adam y yo por fin pudimos investigar otro lugar que nos develó el gran misterio.

Maplecroft, en otra parte de Fall River, es el hogar al que se mudaron Lizzie y su hermana, Emma, después de la muerte de sus padres. Habían heredado el dinero de la familia y compraron una casa mucho más grande que les servía como santuario, lejos de las miradas indiscretas de la ciudad.

Lizzie vivió en esa casa durante más de treinta años, hasta su muerte en 1927. Cuando llegamos para filmar un episodio, Maplecroft nunca había sido investigado por cazadores de fantasmas. Fuimos las primeras personas en revisar el espacio en más de noventa años.

La propietaria de la casa de Lizzie Borden había comprado Maplecroft, y se estaba preparando para abrir el edificio al público. Los propietarios anteriores le habían dicho que el lugar no estaba embrujado, pero una vez que ella y sus empleados pasaron un tiempo ahí, comenzaron a presenciar una gran cantidad de actividad. Oían pasos fuertes, la voz incorpórea de una mujer y risas en los momentos menos esperados.

Antes de comenzar a investigar llevamos a Chip Coffey para que nos diera sus impresiones sobre la casa. Para que no viera dónde estaba ni obtuviera ninguna pista que pudiera influir en su lectura lo llevamos con los ojos vendados.

—De repente estoy muy agitado y molesto —dijo—. Tengo la sensación de estar fuera de control. Estoy siendo afectado por todo tipo de emociones. Estoy tratando de controlar mis emociones y simplemente no puedo. Escucho: «Detente, déjame en paz».

Él estaba captando el espíritu de una mujer que se estaba enojando cada vez más.

—«Todos ustedes creen que saben todo» —informó que ella dijo—. «No saben nada sobre mí». Ella está gritando: «No me ayudes» —agregó Chip, luego repitió más de sus palabras—. «Lo tienen con los ojos vendados. Creen que son inteligentes. No me importa lo que piensen. Tengo que ver bien. No me romperé. Lo lamento».

Como parte de nuestra investigación hablamos con el historiador Christopher Daley sobre Lizzie.

—Es el caso de Jack el Destripador, pero en Estados Unidos —dijo—, y la gente hablará de eso para siempre.

Christopher continuó explicando por qué Lizzie eligió quedarse en Fall River, cuando casi todo el pueblo se había puesto en su contra, pues sospechaban que había asesinado a sus padres, a pesar de que había sido absuelta del crimen.

—Ella dijo: «Cuando se sepa la verdad sobre este asesinato, quiero vivir en Fall River para poder caminar al centro y reencontrarme con los amigos que me han evitado todos estos años».

También nos contó un dato clave. Después del juicio, Lizzie adoptó un nuevo nombre: Lizbeth. Eso es lo que dice en su lápida, a pesar de que su nombre de nacimiento es Lizzie, y así es como eligió que la llamaran durante el resto de su vida adulta.

La noche anterior recibimos una respuesta de EVP con el nombre de Lizzie Borden. En verdad pensamos que podríamos haber estado hablando con ella, pero además de esa única declaración, ella no había dicho nada más. Por lo que Chip nos explicó, ella no quería hablar más.

Pensamos que nos había dado su nombre como una respuesta atrevida, así que Adam sugirió abordar la investigación de esa noche de una manera diferente. Propuso eliminar todas las cosas de la casa que hablaran de alguna manera sobre asesinato.

—Necesitamos que se sienta cómoda si queremos obtener alguna respuesta —dijo—. Necesitamos hacer que esto se sienta como su hogar.

Así que esa noche nos dispusimos a hacer de Maplecroft una zona libre de asesinatos con hacha, narramos nuestras acciones a medida que avanzábamos para que ella viera y escuchara lo que estábamos haciendo. Como una señal de respeto, nos aseguramos de hablarle usando el nombre que ella eligió, y le aseguramos que solo teníamos buenas intenciones y que no queríamos explotar o comercializar su pasado. Luego preparamos un experimento con la caja de espíritus, diseñado para que Lizbeth se sintiera lo más cómoda posible. Subí a la sala de estar, mientras que Adam se quedó abajo e hizo preguntas utilizando un *walkie-talkie*.

—Mi amiga Amy está arriba —comenzó—. Me encantaría que te acercaras a ella, por favor. ¿Puedes decirle tu nombre?

—Lizbeth.

—Va a haber mucha gente que vendrá aquí para tratar de hablar contigo. Y la mayoría de esas personas va a intentar hablar de…

—Directamente.

—Sí, van a hablar contigo directamente.

—Estoy perdida.

—Las personas que eran inquilinas de esta casa ahora también son las propietarias…

—No digas nada. No soy yo.

—La gente te va a preguntar sobre lo que pasó en Second Street. Estamos tratando de advertirte e informarte, para ver si te parece bien.

—*Por favor, habla con ellos. ¿Estás allá?*

—¿Entonces estás diciendo que está bien que la gente venga a hablar contigo sobre tu pasado?

—*Regresa.*

—¿De qué te gustaría hablar?

Sentí que alguien caminaba por la habitación, pero no había nadie.

—¿Extrañas a alguien de tu pasado, Lizbeth?

—*Te acostumbras. Estoy molesta.*

—¿Por qué estás molesta?

—*Detente. Para. Sola. Lo intenté.*

Acabábamos de tener una conversación completa con el fantasma de Lizbeth Borden, tal vez por primera vez en la vida. Escuché oraciones completas, lo que casi nunca sucede con las respuestas de los fantasmas en las sesiones de EVP o en los experimentos con cajas de espíritus. Sin embargo, era difícil de escuchar: parecía estar muy conflictuada y sola.

Creo que la única razón por la que Lizbeth eligió hablar con nosotros es porque rompimos el hielo con ella y la tratamos de manera bondadosa, a pesar de que estábamos conversando con uno de los espíritus más buscados de todos los tiempos y que podía ser o no una asesina. No lo sabemos con seguridad. Sé que hay mucha gente invocándola, pero no he oído de otro momento en que haya respondido.

Al final sentí que Lizbeth era mi amiga. Entonces, aunque uno de los productores nos estaba presionando para que le preguntáramos si era culpable, no queríamos hacerlo. Si lo hacíamos, habríamos violado la confianza que habíamos construido con ella y todo aquello por lo que habíamos trabajado. Adam y yo nunca le preguntamos si lo hizo. De haberlo hecho, le habríamos estado mintiendo todo el tiempo en que le prometimos no hablar de los asesinatos.

El caso de Lizzie Borden puede ser una de las historias de crimen real más notoria en Estados Unidos, pero nunca tendremos ninguna respuesta, y eso es porque Lizbeth así lo quiso. Hay un bufete de abogados en Boston que tiene todos los archivos y el papeleo del caso, y están bajo llave hasta el día de hoy. Lizbeth hizo que la compañía firmara los documentos declarando que protegerían esa información a perpetuidad y nunca abrirían esos archivos. Entonces, la respuesta está a poco más de ochenta kilómetros de donde ocurrió el crimen, pero nunca será revelada.

La leyenda del pan fantasma

Para mí, una de las mejores partes de filmar casos en Nueva Inglaterra es que no tengo que estar lejos de mi hija. Mientras filmábamos en Maplecroft, Charlotte venía a la casa al salir de la escuela, porque estaba cerca.

(Llevo a Charlotte a lugares embrujados desde antes de que naciera. Un día ella escribirá su propio libro sobre cómo crecer con fantasmas. Tengo muchas ganas de leer todo esto desde su perspectiva).

Ese día estábamos haciendo un trabajo que requería toda mi atención, y Charlotte quería entretenerse, por lo que exigía mi atención.

—Charlotte, toma, mira esto —dijo nuestro gerente de producción, Sean Nichols. Él tenía en la mano una baguette de plástico que estaba en una exhibición de comida falsa, en la repisa de la chimenea—. Esto es un pan fantasma.

—¿Pan fantasma? —preguntó ella, emocionada.

—Sí —dijo—. Lo agarras y lo escondes en algún lugar, y los fantasmas vendrán a comérselo. Les encanta.

Charlotte agarró el pan y subió las escaleras corriendo.

—Fantaaaasmaaaas —la oímos gritar—, tengo un paaaan fantaaaaasmaa.

Después de que lo escondió, la escuchamos bajar las escaleras. Mientras lo hacía, Sean subió por la escalera trasera, tomó el pan y volvió a bajar sin que ella se diera cuenta.

—Mamá —dijo Charlotte—, vamos a ver si los fantasmas se comieron el pan fantasma.

Cuando volvimos a subir, el pan ya había desaparecido. Mi pequeña no podía creer lo que acababa de suceder.

Hasta el día de hoy llevamos ese pan fantasma en cada caso que investigamos y nos aseguramos de que esté colocado en algún lugar de tal forma que salga al aire. Así que la próxima vez que nos veas cazar fantasmas, asegúrate también de buscar el pan fantasma.

Capítulo 8

CUIDADO CON LOS FANTASMAS QUE PIDEN AVENTÓN (O NO)

DEBO confesarlo: colecciono muñecas siniestras. De hecho estoy un poco obsesionada con ellas.

Es raro; lo sé. La gente siempre me pregunta por qué las compro, cuando existe el peligro de que las muñecas estén embrujadas o que tengan alguna energía negativa. Y lo peor, esas mismas personas se niegan a comprar antigüedades porque tienen mucho miedo de la energía residual que puedan tener. Eso, creo, es aún más extraño.

Con toda honestidad, siento pena por esas muñecas. Las veo y me entristece que la gente las mire como si fueran feas y aterradoras, así que las adopto y les doy un lugar amoroso donde vivir. Bueno, al menos yo las amo. A Charlotte la asustan, por supuesto.

Recientemente compré una en una tienda de antigüedades. Era una muñeca de cama de la década de 1920: un tipo específico de muñeca grande, hecha para adultos; se colocaban en la cama y se decoraban, por lo general les colocaban cabello humano en la cabeza. Yo no sabía nada sobre la muñeca aparte de que era muy vieja y extraña, así que estaba hecha para mí. La llevé al mostrador y el cajero dijo: «Ah, esa es la muñeca que encontramos en el suelo todas las mañanas».

Así que sí, por supuesto que estaba embrujada. No puedo evitarlo. Simplemente soy atraída por este tipo de cosas.

La muñeca no ha mostrado ninguna actividad en mi casa. Creo que ella solo quería un buen hogar. Pero como dije, la gente todavía se preocupa mucho de que yo lleve energía mala a mi casa. Una de las preguntas más comunes que me hace la gente es cómo me protejo para no llevar algo a casa o para que los espíritus no se adhieran a mí. La respuesta es: «No lo hago». O, mejor dicho, simplemente no me preocupo mucho por eso.

Las personas que no han pasado tanto tiempo con fantasmas, como yo, tienden a enfocarse en el peligro y el miedo que asocian con lo paranormal. Eso tiene mucho sentido. Gran parte de la representación de lo sobrenatural en la cultura pop se crea para asustarnos y hacernos sentir que podríamos estar expuestos a cosas terribles si algo nos sigue hasta nuestro hogar.

Las películas de terror son otra cosa. Uno puede evitarlas si quiere. Pero estas ideas están en todas partes, incluso en Walt Disney World.

—Hay un pequeño asunto que olvidé mencionar —dice el narrador de Ghost Host, al final del paseo de Haunted Mansion—. ¡Cuidado con los fantasmas que piden aventón!

En la historia del paseo, hay «999 fantasmas felices» en la mansión, pero hay espacio para uno más y, al final, descubrimos que los fantasmas nos han elegido como uno de los mil afortunados.

—Los perseguirán hasta que regresen aquí —dice—. ¡Ahora levantaré la barra de seguridad y un fantasma los seguirá a casa!

Como hemos visto en *Kindred Spirits* y otros programas de investigación paranormal, las casas embrujadas en la vida real no son iguales a las que ves en la televisión. Hay menos ojos rojos y mucho más estar sentados en la oscuridad esperando un ruido proveniente de la otra habitación. En la gran mayoría de los casos los fantasmas de la vida real no solo no pueden lastimarte, sino que ni siquiera lo intentan.

Entonces, cuando un fantasma me ha seguido a casa —el lector sabía que eso seguía, ¿verdad?—, no me preocupo en ningún sentido.

En una ocasión estaba en Charleston, Carolina del Sur, para un episodio de *Ghost Hunters.* Jason Hawes y yo estábamos investigando juntos en Old City Jail. Nos estábamos adentrando en una habitación extraña, que no era exactamente una celda, cuando al mismo tiempo Jay se rascó el cuello y sentí algo cálido alrededor de mis piernas, casi como si alguien las estuviera abrazando. Esa fue realmente la única actividad que obtuvimos de esa investigación.

Después de que terminamos con la exploración estaba haciendo un resumen sobre mis impresiones de la noche. Una de las productoras me hacía preguntas y grababa mis respuestas. Descubrimos que yo había estado en una de las habitaciones donde las esposas y los niños, si no tenían adónde ir, tenían que vivir mientras sus esposos y padres estaban encarcelados. Las condiciones en un lugar así, en 1802, cuando se construyó esa cárcel, debieron de ser intolerables. Las mujeres embarazadas daban a luz ahí, sin nadie que las ayudara. Los niños morían de hambre en esas habitaciones.

Yo no sabía dónde habíamos estado. Entonces, cuando la productora me preguntó cómo me sentía, después de haber estado en una habitación donde sufrieron tantas personas inocentes, no me pude contener. Tenía 16 semanas de embarazo, con las emociones a flor de piel, y no podía soportar la idea de haber estado en ese tipo de espacio sin saberlo. Empecé a llorar.

—Deja de filmar —dije—. Ni siquiera quiero hablar de esto. Es algo horrible.

De repente la productora recibió un tipo de arañazo, y siguió recibiendo rasguños durante el resto del tiempo que estuvimos en la cárcel. Era casi como si quienquiera que estuviera ahí se hubiera enojado porque ella me había hecho sentir mal, así que me estaba protegiendo.

Cuando llegué a casa todo parecía estar bien, hasta que llegué arriba, a mi baño, y vi una pequeña sombra que corría por el pasillo desde mi cuarto hasta la que iba a ser la habitación de Charlotte. Mi casa definitivamente no está embrujada, así que me llamó la atención de inmediato. Sin embargo, no la volví a ver y luego regresé en avión a Charleston para terminar el episodio.

Mientras yo no estaba, una amiga se quedó en mi casa para ayudarme con algunas cosas. Me envió un mensaje de texto: «Amy, acabo de ver una pequeña sombra corriendo por el pasillo de arriba». Y más tarde me dijo que vio que algo volaba por mi habitación. Yo no había hablado con ella en absoluto y me estaba explicando exactamente lo mismo que yo había percibido, así que sabía que algo extraño estaba sucediendo. Un espíritu me había seguido a casa desde esa cárcel.

Cuando uní la idea de esa pequeña sombra con lo que sea que me había abrazado las piernas, como lo haría un niño, parecía que era un niño tratando de llamar mi atención. Cuando por fin llegué a casa tuve una charla con ese niño o niña.

—Puedes quedarte todo el tiempo que quieras —le dije—, siempre y cuando no asustes a nadie ni alteres nada. Yo estoy a punto de ser mamá.

Vi la sombra unas cuantas veces más, pero al final desapareció.

¿Ves? Cualquiera puede tener un fantasma en su casa y hacer que no dé miedo.

Cada investigador tiene sus propias formas de prepararse mental o físicamente para trabajar en un caso. Antes de entrar en un lugar embrujado, algunos rezan o hacen algún trabajo de energía, basado en la intención, para sentir que se están protegiendo. Algunas personas usan cuarzos o algún tipo de amuleto como muestra de protección. Cada quien es libre de hacer lo que crea necesario para sentirse listo al ingresar a cualquiera de estos lugares.

En lo personal, no hago ninguna de esas cosas. La forma en la que me protejo es sabiendo que soy muy fuerte para permitir que algo malo suceda. Cuando entro en un espacio, lo hago sabiendo que yo sola puedo protegerme. Si confío en algún tipo de medalla religiosa, oración o cristal, eso me deja abierta a la vulnerabilidad. Si pierdo ese objeto u olvido decir lo que suelo decir, me sentiré más débil. No quiero jamás ponerme en esa posición.

Otro factor que me hace sentir segura es que sé que, si sucede algo así y un fantasma me sigue a casa, soy totalmente capaz de manejar la situación. Un espíritu no me seguirá permanentemente ni hará que sucedan cosas negativas en mi vida, que es un temor común que la gente suele expresar en los casos que estamos investigando (como Sharon, del capítulo anterior, temía que sucediera en su casa, en Connecticut) o en mi vida personal (como cuando la gente me critica por comprar antigüedades).

No debemos olvidarlo: los fantasmas tienen libre albedrío, al igual que nosotros. Si uno de ellos elige venir a casa conmigo, en realidad no puedo detenerlo. Algunos de estos espíritus tienen una intensa necesidad de transmitir un mensaje. Si se contacta con alguna persona viva y es la primera esperanza que han tenido en mucho tiempo, es posible que la sigan.

—Si son inteligentes y pueden ir a donde quieren —dijo Adam—, ¿quién les prohíbe ir contigo?

Tal vez ese espíritu no haya terminado de hablar, o tal vez por fin encontró a la primera persona que lo escucha en décadas. El investigador puede decidir que la conversación terminó, pero ese fantasma podría estar pensando: «Espera un minuto, yo no he terminado». Existe la posibilidad de que quieran continuar la comunicación. Siempre les digo a los aspirantes a investigadores que para eso es para lo que deben estar preparados. Si alguien va a un lugar embrujado, no necesariamente puede dictar lo que va a encontrar o cómo van a actuar esos espíritus.

Para poder abordar eso, solo se necesita establecer un límite. Cuando Adam y yo salíamos de una investigación en The Trans-Allegheny Lunatic Asylum, en Weston, Virginia Occidental, ambos teníamos una sensación muy fuerte de que algo estaba ahí con nosotros. Nos detuvimos y nos miramos. Le pregunté:

—¿Estás sintiendo eso?

Y él dijo:

—Sí, hay algo detrás de nosotros.

Así que ambos nos dimos la vuelta y dijimos con firmeza:

—Tienes que quedarte aquí. No puedes venir con nosotros.

Fuera lo que fuera, nos escuchó y se quedó atrás.

Dicho lo anterior, mi actitud cuando entro en un lugar embrujado tiene mucho que ver con el resultado que obtengo.

Creo firmemente que la intención que mostramos controla nuestra experiencia en un lugar. Todo se reduce a nuestra perspectiva, nuestra vibra y nuestra energía. Cuando entro a cualquier lugar, lo hago con la mentalidad de que tengo un trabajo que hacer y, cuando me voy, no me llevo el trabajo a casa. Alguien que entra con miedo, inseguro de sus propias habilidades, podría atraer una interacción distinta.

A pesar de eso, aunque cualquiera puede controlar su intención, no puede controlar lo que hacen las personas que lo rodean, estén vivas o muertas. De la misma forma que las personas vivas, hay ocasiones en las que los fantasmas actúan de manera inapropiada y con conductas diferentes. Lo que sea que estuviera pegado a ese baúl embrujado en la May-Stringer House, en Florida, era un verdadero cretino. Le jalaba el cabello a la guía turística y la tocaba constantemente, aunque sabía que ella tenía miedo y que eso la molestaba. Nos pellizcó a mí y a Adam varias veces, con un tacto fuerte y deliberado. Así que una de las formas en las que un fantasma podría pensar diferente sobre lo que es el comportamiento apropiado es creer que está bien seguirte a casa. Creo que cuando sucede, la gente asume automáticamente que es un tipo de apego. Sin embargo, he visto muy pocos apegos espirituales reales con las personas.

Los apegos, la mayoría de las veces, suceden con los objetos. Ese baúl, en Florida, en definitiva tenía un apego, y por eso la actividad se concentró fuertemente alrededor de él. No obstante, un espíritu puede tener afinidad por un objeto, que puede inspirarlo para comunicarse, y no por fuerza estar apegado a él.

—Creo que hay un nivel de apego cuando se trata de un objeto —dijo Adam—. Moviste ese baúl, y el espíritu se fue con él. Pero luego tienes objetos que son nada más reconocibles, como joyas o una carta de amor, algo que es más en el ámbito sentimental: los fantasmas pueden reaccionar a esos objetos, pero no estar atados físicamente a ellos.

Él cree que las personas tienden a aferrarse a cierto tipo de artículos. Por ejemplo, el rosario que usa una familia, debido a la energía y la intención que sus dueños le infunden.

—Las personas constantemente depositan su energía en esa pieza de joyería: desean cosas, oran por situaciones, se enfocan en las cosas cuando rezan. Los rosarios contienen mucha energía, y como se heredan de generación en generación, es por eso que los conservan.

»Otro ejemplo de esto podría ser la Biblia de mi abuela —dijo Adam—. Sé que pasó mucho tiempo leyéndola, dándole su energía, escribiendo en ella y sosteniéndola. Si pudieras ir y tomar esa Biblia y sentarte con ella un buen rato, creo que podrías sentir a mi abuela. Estaría ahí contigo.

Greg y Dana Newkirk creen que muchos de los objetos de su colección se han vuelto embrujados debido a alguna experiencia negativa asociada con el propietario.

—En la mayoría de las cosas que nos entregan las personas hay un elemento en común: creo que manifestaron algún tipo de miedo o trauma en ellas, y lo han almacenado psíquica o psicológicamente en ese artículo —dijo Greg—. Hay algo de ese artículo que han usado como portador de su trauma.

Por esa razón Greg cree que la mayoría de los objetos de su colección no muestra ningún tipo de energía negativa disruptiva y coexiste pacíficamente en su casa.

—El 95% de las cosas que la gente nos ha dado nunca se ha comportado de forma extraña con nosotros.

—En cierto nivel, es un mecanismo de defensa psicológico —dijo Dana—. Pero también está sucediendo algo a nivel paranormal en el que, sea como sea el proceso de liberación, queda impregnado psíquicamente en un objeto.

Los espíritus se aferran a esos elementos inertes porque probablemente fueron valiosos y significativos para alguien.

—Nosotros tenemos estantes llenos de cosas que nunca se han movido ni caído de forma extraña —dijo Greg—. Pero el otro 5% puede ser muy muy interesante.

El misterio de la muñeca en llamas

Compré mi primera muñeca siniestra cuando tenía 12 o 13 años y vivía en Petaluma, California. Había una tienda de antigüedades justo al final de nuestra calle. Yo iba ahí y compraba cosas todo el tiempo.

Me enamoré de una muñeca de cama que era muy cara; costaba mucho más que cualquier cantidad de dinero que podía tener una adolescente en ese entonces. Creo que costaba como cien dólares. El dueño de la tienda me dejó apartarla y pagarla poco a poco, y yo iba todas las semanas y le daba todo el dinero que podía conseguir.

Cuando por fin terminé de pagarla, llevé la muñeca a casa y la puse en un mueble de mi cuarto.

Y fue entonces que intentó quemar mi casa.

Un día llegué de la escuela y olía a quemado en mi cuarto. «¡Qué raro!», pensé, y miré a mi alrededor buscando la fuente del olor. En el mueble donde estaba la muñeca había una marca de quemadura.

Unos días después volví a oler a quemado. Esta vez, cuando levanté la muñeca para ver qué pasaba, vi que le salía humo. De repente su vestido estaba ardiendo, casi como si fuera papel quemándose lentamente.

Así que, por supuesto, la metí en mi clóset y llamé a mi tía Roxi.

Ella decidió que debíamos hacer una sesión de espiritismo con la muñeca para tratar de averiguar qué estaba pasando. Hicimos un ritual, aunque no puedo recordar a la perfección qué fue lo que realizamos, ella trató de sintonizarse psíquicamente con la muñeca. Según su lectura psíquica, la mujer que antes era dueña de la muñeca había estado muy enferma, básicamente estaba moribunda. En la chimenea de su casa ardía el fuego, y lo último que esta mujer vio mientras estaba muriendo, según mi tía, fue que una brasa había caído muy cerca de la muñeca, y ella estaba preocupada por que la muñeca se quemara. De alguna manera, la muñeca se había asociado a la idea del fuego al morir su dueña.

No tengo manera de verificar nada de eso. Pero puedo decir que esa experiencia en definitiva desencadenó mi interés por los objetos embrujados. Terminé coleccionando docenas de esas muñecas. Al último las vendí porque me quedé sin espacio.

¿Dónde está la muñeca de esta historia? Bueno, a mi gato no le gustaba mucho y la arruinó de una manera muy específica, como solo los gatos pueden hacerlo. Tal vez estaba tratando de apagar el fuego. No lo sé. Pero esa pobre muñeca terminó en uno de los peores lugares: la pila de basura quemada.

Capítulo 9

UNA PRISIÓN EMBRUJADA NO ES EL LUGAR MÁS TENEBROSO QUE PUEDES VISITAR

QUIZÁ UN ASILO EMBRUJADO… aunque esa es otra historia.

Si cierras los ojos y piensas en el lugar más aterrador que puedas imaginar, ¿qué ves? ¿Barras oxidadas que cubren la entrada de una celda en ruinas? ¿Un cementerio oscuro, lleno de tumbas enmohecidas, ensombrecido por árboles ancestrales? ¿Un viejo hospital, con pasillos lúgubres, llenos de equipo médico antiguo y camas desintegradas?

Sea cual sea nuestra respuesta, es verdad. Las personas tienen sus propios factores desencadenantes y sus propios miedos que suelen influenciarlas cuando crean su peor escenario paranormal. Cualquiera pensaría que una prisión embrujada estaría en el primer lugar de la lista de lugares en los que nadie quiere estar a mitad de la noche, pero para mí eso no es tan cierto. Simplemente no me molestan tanto.

Sin duda he investigado distintas cárceles en las que he visto mucha actividad paranormal. Incluso pasé la noche en una celda en Alcatraz. A pesar de su mala reputación, ese lugar es uno de los lugares «embrujados» menos embrujados que he visitado. Fuimos a investigar ahí para *Ghost Hunters*, pero la primera vez que estuve ahí fue con un grupo de amigos que habían participado en una rifa para conseguir una de las raras y codiciadas estancias por una noche en La Roca, como también se le conoce. Obtuvimos algunos EVP interesantes en la morgue, y también había una celda de confinamiento que tenía algo de actividad, pero recuerdo que al final me decepcionó que, después de haber escuchado todas las leyendas sobre la prisión de donde supuestamente «no se puede escapar», no estuviera más embrujada.

Es fácil suponer, dada la naturaleza sombría de una prisión, que todas están embrujadas y tienen una energía oscura a su alrededor. La verdad es que no todas son así. Sin embargo, algunas, como la Penitenciaría Estatal de Missouri, tienen historias sangrientas y en serio están llenas de fantasmas.

He visto mucha actividad en las prisiones, pero la mayor parte de esa actividad no ha sido lo que uno supondría si escucha: «Hablé con un fantasma en un prisión». Creo que la gente tiende a entrar a una cárcel con una noción preconcebida de a quién se va a encontrar en forma de espíritu. En realidad no tenemos idea de con quién nos vamos a poder comunicar ahí, y tampoco podemos saber por qué una persona fue encarcelada o cómo es que terminó ahí. Siempre le digo a la gente que abandone todo juicio cuando visita la cárcel, y que en serio vayan con su mejor lado humano. Muchas de estas personas tuvieron infancias terribles y cometieron errores. Algunas de ellas tenían problemas con las drogas y abusaban de ellas. En las prisiones más antiguas se podría estar tratando con alguien que simplemente fue encarcelado por no poder pagar los impuestos de un dólar. No siempre se va a comunicar un asesino loco con una historia tétrica.

Pero, de nuevo, esos podrían ser mi intención o mi sesgo cognitivo. Estoy segura de que muchas personas han investigado viejos y sombríos pasillos de cárceles y han encontrado pruebas más tenebrosas y han tenido experiencias muy aterradoras. Y yo, tal vez, solo estoy sacando el lado humano de estos fantasmas al tratar de empatizar con ellos. Ya que sabes esto, puedo decir que muchos de los espíritus que conozco en las cárceles sienten que pertenecen ahí, como si hubieran elegido quedarse estancados en una sentencia autoimpuesta. Los fantasmas que he encontrado en estos lugares, por lo general, no son malvados. Solo están tristes. Es por eso que, en la mayoría de los casos, no me siento en peligro ni creo que pueda ser atacada en una vieja prisión, y no ha sucedido (con la excepción de la vez que me tocaron en Gettysburg, y por algunas cosas que aventaron aquí y allá). Esos espíritus con los que me he podido comunicar ni siquiera están buscando ayuda. Solo están pensando: «Aquí es donde pertenezco, así que aquí me quedo». Es como si ellos sintieran que no merecen seguir adelante.

Cuando investigamos la antigua cárcel del condado de St. Johns, en San Agustín, Florida, en la cuarta temporada de *Kindred Spirits*, justamente al entrar sabíamos que la cárcel tenía mucha actividad. Fundada en 1655, San Agustín es la ciudad más antigua habitada de forma continua de Estados Unidos, y esa cárcel tenía una larga y oscura historia, ya que había alojado a prisioneros en condiciones infrahumanas durante más de cien años. Las enfermedades proliferaban en las celdas superpobladas, y los prisioneros peleaban y se mataban unos a otros. Los hombres estaban obligados a trabajar con otros prisioneros encadenados entre sí; a estos grupos se les llamaba «el producto», en el esquema lucrativo del condado, y los usaban como mano de obra barata. Cuando los prisioneros eran sentenciados a muerte, se les pedía que construyeran su propia horca, y cientos de personas externas llegaban para observar la ejecución pública de esos hombres.

—Una energía como esa no se va solo por sacar los cuerpos —dijo Stephen, gerente general del museo perteneciente a la cárcel. Él nos informó que miembros de su personal habían sentido cómo los tocaban y también habían visto una entidad oscura que se arrastraba. El propio Stephen casi fue empujado por las escaleras, y afirma que lo hicieron de forma deliberada.

La corrupción en la prisión también significó que algunos hombres inocentes fueron encarcelados y nunca pudieron probar su inocencia en vida. Eso fue lo primero que encontramos cuando comenzamos a investigar esa noche.

—¿Hay alguien aquí que sea ministro, oficial, asesino, exiliado…? —preguntó Adam en una sesión de EVP. «No soy asesino», fue la respuesta que obtuvimos. De inmediato supimos que ese era el trabajo que debíamos resolver en la cárcel.

Las respuestas fueron mínimas hasta que pregunté:

—¿Cómo se llamaba el ministro cuando usted estuvo aquí? ¿Era una buena autoridad?

Escuchamos un «NO». Fue la respuesta más contundente de la noche.

Al día siguiente hicimos una investigación sobre los prisioneros de esa cárcel que pudieron haber sido inocentes, pero que de cualquier manera fueron condenados por asesinato. Un caso nos llamó la atención: Jim Kirby y Robert Lee fueron acusados de asesinato, y ambos fueron condenados y ahorcados en 1901. Aunque Kirby insistió en que Lee no tenía nada que ver con el crimen, no fue exonerado. El día de su condena, ambos hombres proclamaron la inocencia de Lee. «Están ahorcando a un inocente», dijo el hombre. Un artículo de *The St. Augustine Record* registró todo lo que los condenados dijeron el día del ahorcamiento. «Como Dios es mi juez y sabiendo que debo enfrentarme a Él inocente o culpable en unos minutos, me declaro inocente».

En el mismo artículo, Kirby dijo: «Intenté salvar a Lee, pero fracasé. Aunque puedo afirmar que él no supo nada del asunto, sino hasta que terminó».

Esa noche le pedimos a Chip que hiciera una lectura de la celda de confinamiento, que ha sido un lugar activo de lo paranormal en la cárcel. De inmediato se sintió abrumado por las emociones.

—Lo que sea que estoy reconociendo dice: «Simplemente ya me importa un carajo. No hay necesidad de intentarlo siquiera» —expresó—. Es horrible. No hay ninguna esperanza. Las impresiones vienen en oleadas. Ni siquiera siente que hay alguna razón para existir.

Muchas veces le preguntamos a Chip si quería salir, pero él quería terminar su lectura.

—Fue horrible —nos dijo más tarde—. Me senté en la silla y sentí tanta ira y tanto dolor. Estaba asustado, molesto, confundido, desesperanzado, indefenso, todas esas cosas al mismo tiempo. Empecé a temblar y gritaba: «¡Sáquenme de aquí!».

Evidentemente eran los prisioneros a los que estaba canalizando quienes decían esas cosas, y no el propio Chip.

Chip apareció y nos dijo: «No, no necesito irme, pero con quien sea que haya contactado, fue horrible»; se refería a todas esas emociones negativas que había sentido.

—Estamos aquí para ayudar a los vivos y a los muertos —dijo después—. Tal vez hay personas que todavía están sintiendo malestar. Tal vez hubo personas que no eran culpables y fueron encarceladas, o que fueron maltratadas o abusaron de ellas, y se llevaron eso más allá de la tumba. Es tan complejo y tan complicado cuando se empieza a lidiar con estas cosas. Puede ser muy difícil. A veces la situación puede ser así de extrema.

Con el tiempo nos pusimos en contacto con ambos hombres. Nos ayudó un miembro del personal de la cárcel, que ya había tenido algunas experiencias fuertes ahí dentro. Les dijimos que sabíamos la verdad sobre lo que sucedió y que nos aseguraríamos de que la gente supiera toda la historia. Nuestra esperanza es que, al contar lo que pasó y asegurarles a estos hombres que el tiempo ha dejado las cosas claras, sientan que son merecedores de irse de ese lugar, que todo terminó.

Siento que la mayoría de la gente ve las cárceles viejas como lugares llenos de maldad, pero yo todavía las veo como entornos donde las personas necesitan ayuda, aunque por la difícil vida que llevaron es difícil lograr que hablen de ello. Cuando los prisioneros están vivos en la cárcel, también hay personas que intentan ayudarlos. Yo voy a cualquier lugar con la misma mentalidad, ya sea una cárcel, una institución mental o un hospital. Siempre que entro digo que no estoy ahí para juzgar a nadie; no estoy ahí para decirles qué hacer. No soy policía ni médico. Solo estoy ahí para hablar.

Tal vez sea mi naturaleza maternal, pero tiendo a tener más problemas emocionales cuando estoy en lugares donde la gente estaba enferma y sufría. Dentro del Old South Pittsburg Hospital, en South Pittsburg, Tennessee, estaba sola haciendo una sesión con la caja de espíritus dentro de algo que se conocía como el «cajón de cadáveres», en el que se almacenaban restos humanos. Estaba diciendo palabras como «¿quién soy?» y «asesinato», cuando algo acarició un lado de mi cabeza de una manera muy espeluznante. Tuve que salir de ahí. No me gustaba mucho esa sensación.

Uno de los momentos más difíciles que he tenido como investigadora fue cuando Adam y yo regresamos al sanatorio de Waverly Hills, en la tercera temporada de *Kindred*. Hay más de quinientas habitaciones en los casi 17 000 m^2 que tiene ese edificio, pero la propietaria, Tina Mattingly, nos había pedido que volviéramos porque había mucha actividad que la asustaba a ella y a otros investigadores en el cuarto piso del hospital, en el pabellón que solía ser usado como unidad para enfermos mentales.

Comenzamos nuestra investigación en ese lugar con trabajos de EVP.

—¿Quieres que encontremos a tu familia? Si no lo deseas, si no quieres que encontremos a tus seres queridos, si solo quieres hablar con nosotros, también está bien —dije.

La respuesta llegó con tanta fuerza que Adam y yo saltamos: «Nooooo». Y sucedió en el mismo lugar donde Tina había reportado haber escuchado un grito en el oído.

No sabíamos si ese ser no quería que encontráramos a su familia o si estaba diciendo que no quería hablar con nosotros. Una vez que entró Chip, dijo que encontró «personas frenéticas que decían que ya no querían ser molestadas».

Encontramos mucha hostilidad e ira, pero teníamos problemas para determinar quién estaba tan enojado o cómo podíamos ayudarlos. En nuestra investigación, al día siguiente, encontramos la historia terrible de un paciente que había sufrido pérdidas inimaginables. John Mitchell estaba en el hospital; enfermo de tuberculosis, mientras que su esposa estaba en casa cuidando a sus siete hijos. Además, ella estaba teniendo una aventura con otro hombre. A las 3 a. m., en un café, su amante la golpeó tan fuerte que sufrió un traumatismo craneal severo y murió. La encontraron en un callejón al día siguiente, la causa oficial de muerte fue una hemorragia cerebral causada por un golpe en la cabeza. (El hombre que la lastimó fue declarado no culpable de asesinato, pero años después, su entonces esposa murió de la misma manera. Esa vez sí fue declarado culpable).

John estaba tan enfermo que había recibido tratamiento de manera intermitente en Waverly Hills durante los últimos tres años, por lo que no tuvo más remedio que pedirle al Estado que tomara bajo su cuidado a sus hijos. Regresó al sanatorio y murió. No sabemos si alguna vez los volvió a ver ni qué pasó con esos niños.

Todo el tiempo pienso cómo se sentiría al tener una enfermedad terminal, ser traicionado por su esposa, perderla de esa manera traumática y verse obligado, por esas circunstancias, a entregar voluntariamente a sus hijos al Estado.

Por supuesto que estaría enojado. Y, claramente, sentiría que tenía razones para quedarse ahí.

Una vez que pensamos que nos podíamos comunicar con John Mitchell regresamos a ese lugar, en el cuarto piso, para investigar, pero quienquiera que estuviera ahí no quería que nos quedáramos. La cámara SLS de Adam se apagó cuatro veces, aunque estaba completamente cargada. Al final, frustrado, renunció a ese equipo y confiamos solo en nuestra grabadora.

—Mi pregunta para ti es, ¿eres o sabes quién es John Mitchell? —pregunté.

—*Mitchell* —dijo.

—¿Sientes que te quitaron la vida?

—*Sí.*

De repente una brisa sopló de la nada, solo en ese pasillo. Se volvió extrañamente tempestuoso por solo un minuto. Luego escuchamos pasos que venían del pasillo.

—John, si ese eres tú, solo queremos lo mejor para ti —le dije—. No queremos que estés aquí…

En ese momento algo apareció en el pasillo. Era un hombre. La aparición de cuerpo completo estaba de pie, justo frente a nosotros. Apareció de la nada y desapareció en un instante. No era una figura o una simple sombra, era una persona.

No había visto algo así desde que era niña. Fue algo parecido a la intensidad de una película de terror. Estaba legítimamente aterrorizada.

—Esa mierda es muy rara —mencionó Adam—. Todo es tan raro.

Al escuchar la grabación salté, y luego le dije a Adam:

—Ah, fuiste tú. Me tocaste.

—No lo hice —respondió—. Estuve aquí todo el tiempo.

Fue el encuentro con un fantasma más fuerte y claro que he tenido en décadas.

Creemos que John Mitchell apareció de esa manera porque lo identificamos por su nombre, tal vez, por primera vez, desde que murió, y porque sabíamos que había pasado por algo inconcebiblemente triste. Cuando se mostró, era casi como si estuviera tratando de decirnos: «Estoy aquí, tienes razón, ahora déjame en paz».

Al día siguiente, cuando hablamos con Tina, le contamos sobre John y su historia.

—Recomendamos que cuando vengan los investigadores —dije— les informen sobre él, así que cuanto más hablen con él…

—Tal vez puedan dejarlo ir —sugirió Tina—. Trataré de ayudarlo.

—Ese no era nuestro objetivo cuando entramos, pero se convirtió en eso —añadió Adam.

—Bueno, se aseguraron de que mantuvieras tu enfoque —respondió Tina, refiriéndose a los demás espíritus que había en el espacio.

Quizá sabían que él era el que más lo necesitaba.

Esa vez, en Waverly Hills, en serio estaba aterrorizada. Pero es una rara excepción, en especial en estos días. La gente a menudo me pregunta por qué reacciono tan enérgicamente cuando obtenemos una buena evidencia en el programa. En general puedo parecer asustada, pero siempre estoy muy emocionada. Solo basta que te imagines sentado en la oscuridad, durante cuatro horas, esperando a que algo suceda, y por fin pasa. Cualquier otra persona también estaría muy impresionada, incluso si solo fuera una grabación que dijera: «Váyanse».

Rara vez tengo miedo cuando estoy investigando. Sin duda hay momentos en los que me asusto, pero es más un tipo de asombro y emoción. Tengo un aumento de adrenalina por un minuto, pero luego me lanzo al modo de «estudio y análisis». Y quiero averiguar el porqué.

—Una vez que se tiene trabajo que hacer, ese mecanismo emocional se apaga. Se debilita el interruptor del terror porque un investigador no puede estar asustado —dijo Adam—. Creo que ocurre naturalmente cuando se define un propósito con los fantasmas. A veces nos acobardamos un poco, pero eso es divertido. Cuando se tiene una intención y un enfoque, el miedo se hace a un lado porque lo que se está haciendo es más importante. Encontrar las respuestas es más significativo que verse afectado por el factor miedo.

Aunque sí hay excepciones, como en Waverly Hills. En otra ocasión, Kris Williams y yo estábamos investigando una casa para *Ghost Hunters* y cuando estábamos en medio del sótano, totalmente a oscuras, una voz profunda y grave dijo: «AYÚDAME» justo entre las dos. Ambas saltamos al cielo. Pero incluso entonces, eso era solo sobresaltarse más que estar genuinamente aterrorizadas. El estar aterradas solo sucedió en contadas ocasiones.

Cuando un tren me quiere atropellar, eso también da miedo. Aunque sea solo un tren fantasma.

Cuando visitamos Crocker Tavern House, en Barnstable, Massachusetts, en la tercera temporada de *Kindred Spirits*, fuimos ahí para investigar la actividad que los nuevos propietarios de la casa estaban experimentando desde hacía un año. El edificio fue erigido en 1754 como una posada para forasteros y como una taberna, luego se convirtió en un museo y, por último, en una casa residencial. Con más de 250 años de historia, la casa había acumulado muchas leyendas. Los nuevos dueños, Kate y Joe, vieron una sombra oscura que corría directo hacia su bebé. Otros miembros de la familia escucharon pasos, y algunos incluso afirmaron haber sido encerrados en una habitación por lo que creían que era un fantasma.

Al principio de nuestra investigación obtuvimos el nombre de Willie en un EVP. Más adelante, aprendimos mucho más sobre quién podría ser esa persona. En 1926 hubo un terrible accidente no tan lejos de la casa. Un tren había chocado contra un automóvil. Dos mujeres murieron en el lugar y una más murió en el hospital. Entre ellas estaba: Wilhelmina Crocker.

—¿Hubo un accidente automovilístico? —preguntó Adam en un experimento de caja de espíritus esa noche.

—*Darse prisa.*

—¿Darse prisa y hacer qué?

—*¿Adónde va?*

—¿Es usted parte de una familia que vive aquí?

—*Otra.*

Al hablar con un historiador de la familia Crocker supimos que Wilhelmina Jones había vivido al lado de la casa que investigábamos y que se había casado con un miembro de la familia Crocker. Tendría sentido que regresara a esta casa, porque le resulta familiar. Se ha mantenido casi exactamente igual en el siglo transcurrido desde su accidente.

Para comunicarnos con Wilhelmina decidimos intentar algo que nunca antes habíamos hecho: registrar la actividad en la casa que frecuentaba, pero usando el lugar de su muerte como efecto desencadenante.

Manejé hasta las vías del tren y Adam se quedó en la casa. La idea era que yo hiciera el trabajo de EVP en los rieles, mientras él escuchaba las respuestas de la caja de espíritus en la casa. No podíamos escuchar el trabajo del otro y no teníamos forma de saber qué estaba haciendo la otra persona.

—Amy está junto a las vías del tren —dijo Adam—. ¿Está a salvo allá afuera? No tienen a nadie ahí que les indique a los automovilistas que se detengan cuando viene el tren, por lo que es realmente preocupante.

Después de decir eso se fue a otra habitación; mientras pasaba, una lámpara en el pasillo se encendía y se apagaba con un patrón repetido. ¿Estaba Wilhelmina tratando de comunicarse?

—¿Hola? Sé que hubo un terrible accidente y siento que uno de ustedes podría estar buscando ayuda —dije en las vías—. Mi amigo está en la taberna Crocker ahora mismo. Él te está esperando.

Al mismo tiempo, Adam escuchó en la caja de espíritus:

—*Hola, estoy afuera.*

—¿Por qué fue para allá? —pregunté—. ¿Quién estaba ahí que pudiera ayudar?

—*Ayúdeme.* —Escuchó Adam. Luego hubo un grito en la caja de espíritus.

—¿Podría decir algo si usted está aquí? —pregunté—. Solo hable a esta pequeña luz roja, o vaya a ver a mi amigo en la taberna Crocker, su nombre es Adam.

Adam escuchó una explosión.

Definitivamente había algo ahí conmigo. No sabía si era una energía residual del accidente, pero no me agradó ni un poco.

En ese momento se encendieron las luces y las campanas, como si se anunciara un tren.

Sentí que el alma se me salía del cuerpo.

El equipo y yo corrimos hacia el auto, pero yo quería ver si realmente venía un tren. Esperamos.

Nada.

Eso había sido suficiente para mí. Yo ya había terminado. Estaba temblando. ¿Había disparado Wilhelmina esa alarma? ¿Estaba tratando de advertirme de algo?

Aunque quedé muerta de miedo, el experimento fue un éxito. Adam estaba escuchando las respuestas a las preguntas que yo hacía. Al regresar a la casa, después de que Adam y yo comparamos las pruebas, decidimos volver a hablar con Willie.

—Fui a las vías del tren, donde usted murió —le dije en una sesión de EVP—. ¿Me vio ahí?

—*Sí.*

—¿Puede decirnos quién es Clarence Shirley Crocker?

—*Mi esposo.*

—Han pasado casi cien años desde que usted falleció.

—*No.*

Nos quedamos atónitos. Ella no sabía que había muerto. No puedo imaginar que alguien pase casi cien años en un lugar, sin saber qué le estaba sucediendo o por qué. Teníamos que decirle la verdad.

—¿Puede usted leer esto? Solo lo traigo aquí para mostrarle que es su acta de defunción.

—*¿Acta de defunción?*

—Díganos lo que quiere que hagamos.

—*Me voy a casa.*

—Señora Crocker, sé que esto es difícil, pero nos aseguraremos de que nadie la olvide, ¿de acuerdo?

Con eso, se hizo silencio.

Cuando hablamos con Kate y Joe, al día siguiente, nos dijeron que los trenes no circulaban por Cape Cod en pleno invierno. No había forma de que la señal del tren se encendiera por un tren real.

Desde que los visitamos, han experimentado una actividad menor: se pueden acumular muchos fantasmas a lo largo de dos siglos y medio, pero nada parecido a la actividad que había estado ocurriendo previamente, y nada que los asuste más. Esperamos que Willie realmente se haya ido a casa, como dijo.

El fantasma y el *showrunner*

Cualquiera podría pensar que ver a John Mitchell aparecer en Waverly Hills fue lo más importante que sucedió esa noche, pero se estaría equivocando. Mientras eso sucedía, nuestro anterior *showrunner*, Brian Garrity, estaba teniendo una propia experiencia y no teníamos ni idea.

En medio de nuestra sesión de caja de espíritus, Brian comenzó a tener un ataque de tos muy fuerte por todo el polvo y la suciedad que había en el antiguo edificio. Dejamos de filmar con el fin de que pudiera tener algo de tiempo para recuperarse, pero le estaba costando mucho respirar. Pasados unos minutos, nos dijo que empezáramos de nuevo, pero todavía estaba luchando por poder respirar y haciendo todo lo posible para permanecer en silencio. Estábamos recibiendo tanta actividad que no podía dejar de hacer lo que estaba haciendo, él escribía la evidencia que obteníamos a medida que llegaba a nosotros.

Así que estábamos recogiendo todas estas respuestas y no teníamos idea de por qué escuchamos una y otra vez: «Ayúdalo, ayúdalo». Pero Brian sí lo sabía, porque no podía respirar mientras escribía que los fantasmas nos decían que nuestro amigo necesitaba ayuda.

En ese momento sintió una mano fuerte en la espalda, casi como si alguien estuviera tratando de ayudarlo a dejar de toser. Waverly Hills había sido un hospital para tuberculosos. Los espíritus ahí habían visto ese tipo de episodio muchas veces.

Tal vez por eso pudimos aislar a John Mitchell, porque los otros espíritus estaban preocupados por tratar de ayudar a nuestro amigo.

Capítulo 10

SI LOS FANTASMAS SON REALES, PIE GRANDE PROBABLEMENTE TAMBIÉN LO ES

EN LOS EVENTOS de Strange Escapes, John Tenney siempre comienza sus conferencias haciendo tres preguntas:

«¿Cuántas personas aquí creen en fantasmas?», pregunta. Todos en la sala, o al menos la mayoría, levantan la mano.

«Muy bien. ¿Cuántas personas aquí creen en los extraterrestres?». Una cantidad un poco menor de personas levanta la mano.

«Y, entonces, ¿cuántas personas aquí creen en Pie Grande?». Solo se levantan unas cuantas manos.

La razón por la que hace esas preguntas, explica, es que una de las cosas que más le interesan como investigador es saber por qué la gente cree en lo que cree.

—Así que la primera pregunta que hago es: «¿creen en fantasmas? ¿Creen que hay una persistencia, una conciencia y una personalidad que existen más allá del ámbito biológico?», y la mayoría de ustedes dijo que sí —expresó en nuestro evento más reciente en el Mount Washington Hotel—. Y luego dije: «¿creen en los extraterrestres? ¿Creen que la vida surgió, se desarrolló, evolucionó, desarrolló tecnología, atravesó la oscura negrura de la infinitud del cosmos y nos encontró aquí en este diminuto páramo de planeta en medio de la galaxia?», y muchos de ustedes dijeron que sí.

»Entonces pregunté: "¿ustedes creen que hay un animal al que no hemos descubierto?" —continuó—. La gente se encogía de hombros y se reía. "No, eso es ridículo". Pues les digo que esa cuestión es la más probable de las tres y es la que la gente encuentra más ridícula.

Las respuestas y ese porcentaje son los mismos cada vez que plantea esas preguntas en un evento de Strange Escapes. Nunca me sorprende, pero siempre me desconcierta. ¿Por qué si alguien está tan abierto a un fenómeno paranormal y tan interesado que viajó a un evento de fin de semana para aprender más sobre él, la idea de que hay otros fenómenos paranormales plausibles suena tan improbable? Es posible que, hasta hace unos años, yo habría dado las mismas respuestas que la mayoría del grupo, pero ahora que comencé a mirar más allá de las líneas estrictamente trazadas de la investigación de fantasmas, he visto muchas conexiones interesantes, así como nuevas ideas que creo que debo considerar.

No lo digo solo porque haya visto a Andrea Perron, la hija mayor de la familia que inspiró *El conjuro*, llamar a ovnis en el cielo. Si seguimos los números de la encuesta de arriba, un poco menos de la mitad de los lectores probablemente esté diciendo en este momento que esa declaración es mentira, pero yo les aseguro que, de hecho, lo he presenciado, y es exactamente tan extraño como se oye. Andrea y yo, y algunas otras personas, salimos a la cubierta del *Queen Mary*, y ella empezó a cantarle al cielo. De repente, en medio de una espesa niebla con la que no se veían las estrellas, había pequeños rayos de luz por todas partes. Me metí, al instante, de regreso al barco. Puede que no tenga miedo de los fantasmas, pero los extraterrestres me congelan hasta los huesos.

La cosa es, y seguiré diciendo esto hasta que yo misma sea un fantasma, que no hay una respuesta correcta cuando se trata de lo paranormal. No existe una guía definitiva que diga qué partes son verdaderas y cuáles son falsas, y qué de lo que llamamos fantasmas es realmente parte del mundo animal, o qué partes de la vida no son en verdad de este planeta. Yo ya he leído teorías de que Pie Grande es el fantasma de un neandertal y que el Monstruo del lago Ness es el fantasma de un dinosaurio.

Tal vez eso parezca una locura pero, en realidad, ¿quién puede decir con seguridad que esas teorías están equivocadas? Si alguien cree que para convertirse en fantasma debe tener un alma, ¿eso excluye en automático a todos los seres vivos que no son humanos de la potencial *fantasmalidad?* No podemos decir con seguridad si los animales tienen o no tienen alma, pero si alguna vez nos ha pasado que nuestro perro intuyó que estábamos tristes y nos dio más amor porque realmente lo necesitábamos, tal vez ya tengamos una respuesta a esa pregunta. (Además, también obtuve EVP de un gato que ronroneaba, al investigar una casa, en Keene, Nuevo Hampshire, así que hay más pruebas).

Lo mismo ocurre con los humanoides que vivieron antes del *Homo sapiens*. ¿Sabemos a ciencia cierta si esos seres no se convirtieron en fantasmas? Dejando de lado la pregunta del alma por un segundo, pensemos en qué otras características podrían ser necesarias para que algo tenga el potencial de convertirse en un fantasma. Tal vez los factores requeridos son la inteligencia, la razón y la conciencia de sí mismo. Por lo que sabemos, los humanoides que nos precedieron tenían estas cualidades. Entonces, para mí, es igualmente plausible que los neandertales se convirtieran en fantasmas de la misma manera que lo hacen ahora los humanos.

Por otro lado, tal vez todo sea posible para mí, porque estoy bastante segura de que vi un yeti cuando era niña.

Cuando tenía alrededor de 10 años y vivía en Petaluma, California, mis hermanos y nuestros amigos se pasaban el día explorando los bosques alrededor de nuestra casa. Nuestros padres básicamente tenían la actitud de «Ve a jugar y no vuelvas hasta que oscurezca». ¿Recuerdas cómo podíamos hacer eso en los años ochenta y era totalmente correcto?

Una vez, anochecía y estábamos corriendo por un campo al otro lado de la calle de mi casa. Conocía este espacio como la palma de mi mano: la hierba y la vegetación eran tan altas que llegaban por encima de nuestras cabezas. Había un arroyo seco que seguimos y que nos llevó a lo alto de una pequeña colina. Desde ahí podíamos ver el bosque y una colina más alta a lo lejos. Cuando llegamos a la cima de la colina todos nos detuvimos en seco.

Vimos una criatura enorme frente a nosotros. Medía unos 2.5 m de alto y era tan blanco que parecía transparente. Y venía bajando por la siguiente colina hacia nosotros.

Ninguno de nosotros dijo una palabra. Dimos la vuelta y corrimos lo más rápido que pudimos, fue la huida más espeluznante que alguien pueda imaginar, seguimos corriendo hasta que regresamos a casa.

—¿Qué fue eso? —pregunté cuando pude respirar de nuevo.

—No sé qué fue —respondió mi hermano.

Sé que cualquiera que lea esto pensará que es falso. Incluso yo misma me siento tan loca como sueno cada vez que cuento esta historia.

Fue una de esas cosas que nos asustaron tanto que nunca volvimos a mencionarla. Cinco o seis años después yo estaba en la escuela secundaria, pasando el rato en un escenario donde solía haber muchos conciertos, en Petaluma, llamado Phoenix Theatre. (Ese lugar está tan embrujado que la banda de rock AFI escribió una canción sobre los espíritus que hay en el teatro y, según los informes, un guardia de seguridad del grupo GWAR una vez vio a un pequeño niño fantasma detrás del escenario. He investigado ese lugar muchas veces). Yo iba ahí con todos los demás inadaptados y descarriados que querían un lugar para pasar el rato después de la escuela, y el gerente lo mantenía abierto por las tardes para darnos un lugar seguro en el cual estar.

Un día, al anochecer, estaba parada afuera con mis amigos, y un chico que todos conocíamos venía corriendo por la banqueta, sudando y jadeando. Ni siquiera podía hablar.

Finalmente, nos dijo que venía del bosque que estaba junto al cementerio, el cercano a mi casa, y que había visto una criatura grande, extraña y blanca. Nunca le había contado a nadie lo que había visto cinco años antes. Mi hermano definitivamente no conocía a ese niño, y los amigos que habían estado con nosotros ese día se habían mudado hacía mucho tiempo. Su descripción, sin embargo, era exactamente igual a lo que vimos años atrás.

Tuve escalofríos solo de recordar a esa criatura. Mis amigos querían ir para verlo. Aunque yo no quería, fui. Saltamos la cerca del cementerio y tomamos un atajo hacia el otro lado del bosque. Durante los veinte minutos que estuvimos caminando, el niño no cambió en nada su versión. Seguía repitiendo lo mismo, y estaba claramente angustiado. Pero cuando estábamos más cerca, dijo que no podía continuar. Estaba demasiado asustado y se fue corriendo a su casa.

Nosotros seguimos adelante, llegamos al lugar donde él se había encontrado con lo que sea que había visto. Oímos pasos que provenían del lado en el que estábamos nosotros y luego del otro. Era demasiado rápido para que alguien hubiera ido y venido sin ser detectado; sin embargo, no vimos a la criatura. Mucho tiempo después, Greg y Dana Newkirk dieron una charla en el Mount Washington Hotel acerca de sus teorías sobre cómo Pie Grande es considerado un ser *interdimensional.* ¿Estaba entrando y saliendo de ese bosque aquel día? ¿Quién lo sabe?

En mi opinión, hay demasiados cruces entre los diferentes campos de estudio de lo paranormal, para poder elegir que algunos son reales y otros no. He visto muchas trasposiciones para decir definitivamente que existen fantasmas y nada más. ¿Recuerdas esa investigación, en Pensilvania, donde el hijo de Catherine, la dueña de la casa, había muerto en la infancia, pero aparecía de 33 años? Catherine también nos contó cosas que sonaron inquietantemente a una abducción alienígena. Eso no salió al aire, pero ella dijo que algunas noches se despertaba porque aparecía una gran esfera de luz, con dos cristales que salían debajo de ella. Su casa definitivamente estaba embrujada, pero parecía que ahí también estaba transitando algo más.

He escuchado muchas historias sobre apariciones que me suenan más a que podrían ser experiencias extraterrestres, o como si tuvieran elementos de otros fenómenos asociados a ellos. Es por eso que no creo que haya líneas estrictas entre nuestras disciplinas. Pienso que el mundo está mucho más conectado de lo que creemos, y por eso no apoyo la idea de que podamos creer en un fenómeno y descartar por completo el otro. Hay tantas cosas que son sorprendentemente similares. Si se tiene una mente lo bastante abierta como para creer en fantasmas, ¿por qué no creería en algo como un críptido (animales considerados extintos o desconocidos para la ciencia, como Pie Grande) o en la idea de los ovnis? Para mí, los extraterrestres son mucho más plausibles que los fantasmas. Aunque creo en ellos y los estudio, si tuviera que elegir algo de lo que tengo absoluta certeza que existe, en definitiva, elegiría la vida en otro planeta.

Siento lo mismo acerca de la capacidad psíquica, ya que muchas personas dudan de que exista. ¿Alguien me está diciendo que cree en fantasmas, pero que no cree en la idea de que alguien pudiera tener una habilidad mental potenciada? Para mí eso es difícil de creer.

«El primer artículo que se escribió sobre orbes en realidad lo escribió un tipo llamado Bruce Maccabee», dijo John en esa misma conferencia. Maccabee fue investigador de ovnis y físico óptico. «Cuando surgieron las cámaras digitales, los investigadores de vida extraterrestre comenzaron a ver orbes todo el tiempo. De tal modo que fue el primero en escribir sobre material particulado; pelo de perro, polvo, polen, y cómo recrear orbes».

Así como los orbes se vincularon originalmente con los extraterrestres, lo mismo ocurre con las cajas de espíritus. Frank Sumption hizo esas primeras cajas de Frank para comunicarse con seres de otro planeta. De hecho, dijo que los extraterrestres le dieron las especificaciones para el primer prototipo de las cajas. Hace años, en el Hotel Stanley, pasé un tiempo con Frank durante algunos eventos paranormales. Siempre le hacía gracia que a los investigadores de fantasmas les gustaran tanto sus inventos. Frank se negó a cobrar por ellos y solo se los dio a personas en las que confiaba, por eso hay tan pocos en el mundo.

Una noche él nos estaba mostrando las cajas a un grupo de personas en una de las habitaciones más pequeñas. De repente la caja empezó a decir mi nombre una y otra vez. «Amy, Amy, Amy». Frank me miró y dijo:

—¿Ves? Les caes bien.

No sé si eran fantasmas o extraterrestres, pero algo parecía emocionado de verme.

—Si el investigador se encasilla y se enfoca en una sola cosa, sin observar la narrativa completa, es posible que pierda de vista los puntos en común y los hilos que hay entre todos estos diferentes aspectos de lo sobrenatural, los cuales podrían abrir nuevos paradigmas y puntos de discusión —dijo Greg Newkirk.

Él y Dana adoptan un enfoque multidisciplinario para sus investigaciones y a menudo aplican conocimientos de varias áreas de estudio a un caso. Su programa *Hellier* comienza, por ejemplo, como una investigación paranormal sobre duendes y se convierte en una búsqueda más amplia de extraterrestres y, en algún punto, sobre dioses antiguos.

—La gente comienza a aferrarse a su propia versión de rareza —agregó—. Los cazadores de fantasmas no quieren hablar de extraterrestres. En realidad, es probable que solo se trate de nombres diferentes para el mismo tipo de cosas. Podemos llamarlos fantasmas, demonios, extraterrestres, Pie Grande, lo que queramos.

Los Newkirk desarrollaron su marca particular de pensamiento interconectado, a partir del tiempo que pasaron con personas que creen que han sido abducidas por extraterrestres, o que creen que han visto críptidos.

—Mientras investigábamos a los fantasmas nos dimos cuenta de lo importante que era conocer a estas personas que creen que fueron secuestradas por extraterrestres —dijo Greg—. Hay tanta información cruzada que no se discute porque las personas que estudian diferentes fenómenos no se reúnen ni hablan de ello. Entonces se convirtió en nuestra obsesión descubrir qué era lo que se superponía en nuestros casos. ¿Las personas que buscan ovnis experimentan el mismo tipo de sucesos que las personas que exploran lugares embrujados? ¿Dónde está la línea de cruce y cómo podemos correlacionarla?

Lo que marca la diferencia en lo que descubre cada investigador tiene que ver con su sesgo cognitivo. Entonces, lo que uno busca es lo que va a encontrar.

—Los factores variables para un resultado se dividen principalmente en dos áreas importantes —dijo Loren Coleman, destacado estudioso de la criptozoología—. Los que están experimentando el fenómeno y los que lo están investigando. Dependiendo de los antecedentes, el punto de vista y las experiencias reflexivas percibidas de los participantes, un ruido en el bosque podría sentirse como un críptido desconocido (como Pie Grande, un gato fantasma, el Chupacabras, etc.), un fantasma, un demonio, o un asesino serial.

—Ahí es donde entran en juego los prejuicios del investigador —agregó Loren—. Cuanto más se haya especializado, más dirigida resultará una investigación.

»Alguien que observa una estructura de origen desconocido mirará hacia su propia área de interés para poder encontrar una explicación.

»Un ufólogo podría ver cierto evento y preguntarse si lo hicieron los extraterrestres. Un arqueólogo rebelde podría considerar que son exploradores vikingos o megalíticos. Alguien más podría hablar sobre los masones y los Illuminati.

Los Newkirk, sin embargo, ven más conexiones en esas áreas que divisiones.

—Hay algo mucho más grande y extraño que un simio grande y peludo, un extraterrestre o un fantasma —dijo Greg—. El punto, lo que estamos tratando de hacer, es descubrir la fuente de todo eso. Y yo creo que tiene que ver con la mente.

—Nuestro objetivo es recordarle a la gente que esas experiencias que están teniendo son legítimas —explicó Dana—. Es posible que no tengamos respuestas para ellos en ese momento, pero eso no disminuye el hecho de que, legítimamente, han experimentado algo que es diferente. En lugar de tener miedo de esas cosas o de avergonzarse, cuanto más reinventemos el mundo y más recuperemos la idea de maravillarnos, más veremos esas experiencias como hermosas y positivas, en lugar de aterradoras, malignas o irreales.

Los rincones más oscuros del *Queen Mary*

Hoy en día, el *Queen Mary* asume tanto su legado embrujado que el barco ofrece recorridos fantasmales e incluso organiza espeluznantes eventos de Halloween por debajo de la línea de navegación, en la sala de calderas.

Sin embargo, no siempre fue así.

En mis primeros días como investigadora estaba ayudando con un evento paranormal en el barco. Estaba en la sala de calderas con Britt Griffith, mi primer compañero de investigación, revisábamos el espacio para que los invitados pudieran investigar después.

Hoy el lugar ha sido renovado. Hay recorridos a pie completamente iluminados para conocer el funcionamiento interno del barco, tiene las mejores condiciones para la investigación, la sala de calderas tiene la iluminación suficiente para alumbrar los pasillos elevados, pero todavía se siente apropiadamente tenebroso.

En aquel entonces esa sala era oscura, decrépita y francamente aterradora.

En cierto momento ambos miramos en la misma dirección, e incluso con la tenue luz de nuestras linternas, ambos vimos a otro hombre al lado de nosotros.

Pero no era un hombre completo.

Pude ver que vestía algún tipo de ropa de trabajo, como un overol. Pude ver su brazo, su torso y parte de su cabeza. Definitivamente era un fantasma, pero era solo la parte de un fantasma.

Tomé el brazo de Britt.

—¿Qué acabo de ver? —dije—. ¿Viste eso?

Él lo vio. Comparamos impresiones y, definitivamente, habíamos visto lo mismo.

Un año después descubrí que había un fantasma en ese espacio llamado Henry. Trabajó en la sala de calderas y, según los informes, sus restos fueron encontrados en el fondo del casco del barco. La mitad del torso y la mitad de la cabeza del hombre se ven, a veces, en ese espacio. Algunas personas especulan que Henry se ve así debido a una lesión, pero también podría ser porque no tiene suficiente energía para aparecer como un hombre de cuerpo completo. O simplemente no quiere. No podemos estar seguros de cuál de nuestras teorías es la correcta.

Capítulo 11

ES NECESARIO UN PUEBLO (EMBRUJADO)

ES POSIBLE QUE como lector hayas notado que, por una cosa que yo escribí, intenté que este libro tuviera una buena cantidad de información de otros expertos. Eso es porque, en mi opinión, no puedo hacer el trabajo completamente sola. Trabajar en y con la comunidad, en general, en especial con las personas que superan los límites de los métodos de investigación tradicionales, ha tenido un profundo impacto para mí, no solo en la forma en que investigo, sino en la manera en la que pienso sobre lo paranormal en la actualidad.

Ha habido muchas ocasiones en las que las aportaciones de otra persona, o su conocimiento de un tema especializado, han sido la clave para poder desbloquear el caso. Por ejemplo, la lectura de cartas del tarot de Dana Newkirk, en Connecticut, en el capítulo 7; las habilidades de investigación sobrehumanas de John Tenney, en Odd Fellows Home, en Belvoir Winery, en el capítulo 6; la habilidad psíquica de Chip Coffey en... ay, pues en todos los casos en los que le hemos pedido que participe.

En los casos del programa y en los eventos de Strange Escapes, es muy importante para mí incluir a otros expertos en el tema. Siento que más voces solo mejoran la experiencia para todos, incluso la mía. Me encanta escuchar sobre los casos de otras personas y las formas creativas en las que abordaron sus investigaciones. Es tan placentero para mí escuchar sus perspectivas como lo es para todos los demás. De hecho si alguien nunca antes ha realizado una investigación, solo necesita pensar en lo diferente que sería la experiencia si fuera solo a una casa embrujada o a una sala de escape, en comparación con ir con un grupo de amigos. Sería divertido ir solo, pero sería mucho más divertido si hubiera personas que lo atravesaran conmigo y con quienes pudiera hablar de ello después.

—Voy a intentar arrojar algunas semillas extrañas en su cerebro y comenzar a generar nuevos pensamientos acerca de los fenómenos y las ideas que ya tienen —dijo John en su conferencia en el Mount Washington—. Lo que realmente quiero es crear una comunidad mejor informada, más extraña y más rara. De esa manera, pueden pensar en las cosas más raras que les ocurran, contármelas y así podemos discutir y construir ideas que no podríamos haber imaginado solos.

»Entonces, realmente solo se necesita un pequeño pueblo, y mejor si está embrujado, para llevar a cabo el tipo de trabajo que quiero hacer. La colaboración es clave si deseamos que la conversación sobre lo paranormal avance, así como encontrar formas innovadoras de aprender más sobre un tema desafiante y, a veces, controvertido.

En octubre de 2019 el elenco de *Kindred Spirits* participó en la transmisión del programa *Haunted Salem: Live* por el canal Travel Channel. Durante este evento televisado en vivo tres equipos paranormales de diferentes programas colaboraron para lograr una gran investigación de la ciudad de Salem, Massachusetts, donde los juicios realizados a brujas en 1692 involucraron a más de doscientas personas acusadas de brujería, 19 de ellas ahorcadas y uno, Giles Corey, aplastado por un montón de rocas. Adam, Chip y yo investigamos la casa de John Proctor, uno de los hombres acusados falsamente de brujería y ejecutado. El elenco de *Ghost Brothers: fantasmas en la oscuridad* investigó la antigua cárcel del pueblo donde Giles Corey había sido encarcelado, y el elenco de *Portales al infierno* investigó un restaurante embrujado que se encuentra en lo alto de una antigua iglesia, en la que los acusados fueron excomulgados antes de ser ahorcados.

Sin embargo, en lugar de solo investigar la casa de John Proctor, Adam y yo queríamos hacer algo que nunca antes habíamos intentado, y que mucho menos se había visto en televisión. Greg y Dana Newkirk se unieron a nosotros en la casa, con el fin de intentar un experimento de intención que combinaba rituales mágicos con investigaciones paranormales, y aprovechamos a los espectadores que estaban presentes para ayudarnos a lograrlo. Suena bastante genial, ¿verdad? Y no hemos llegado todavía a la parte sobre el tarot embrujado.

Un experimento de intención, en su forma más simple, solo involucra a un grupo de personas que enfocan su mente en un resultado específico y observan qué sucede. Se habla mucho sobre si realmente funcionan; para mí, todo es especulación. No podemos medir la intención en relación con el resultado, pero he podido observar que ocurren muchas cosas interesantes cuando un grupo de personas se reúne y se concentra en algo.

Entonces, cuando tenemos reunido a un gran grupo entusiasmado por lo paranormal, es una oportunidad perfecta para realizar un experimento de intención semicontrolado y observar resultados. No es algo comprobable, no hay una manera de medir la intención científicamente, pero aun así es interesante ver qué sucede. Por ejemplo, en un evento de Strange Escapes at Sea estábamos navegando por el Triángulo de las Bermudas y llevamos a todos los que querían participar a la cubierta para realizar un experimento, dirigido por John y Dana. (Dice mucho sobre nuestro grupo el hecho de que, si bien a la mayoría de las personas les asustaría navegar por un lugar legendariamente peligroso, casi todos los «escapistas» decían: «¡Sí! ¡Hagamos cosas raras en el Triángulo!»).

Era una noche nublada y el agua estaba tranquila. Cuando todos estaban en cubierta, Dana le dio a cada uno un cristal, para ayudarlos a enfocar su intención, y John hizo que las personas se concentraran de forma tranquila en lo que las había estado frenando en su vida.

—Imaginen que es una estrella brillante —dijo—, y tírenla al mar.

En ese momento las nubes se abrieron, la luna brilló sobre el grupo.

—En cuestión de segundos —dijo John—, el bote estaba cubierto de unas libélulas realmente hermosas y coloridas.

Durante los siguientes días personas que no formaban parte de nuestro grupo en el crucero, y que por lo tanto no tenían idea de lo que habíamos estado haciendo, comentaron sobre el momento en el que las libélulas ocuparon el barco. Muchas más personas que los «escapistas» fueron testigos de lo que sucedió.

La cosa es que estábamos *demasiado* adentrados en el mar como para que las libélulas hubieran podido alcanzarnos desde tierra. Cuando regresamos al puerto todos comenzamos a investigar sobre ellas. Tratamos de averiguar si nos habíamos cruzado con una ruta de migración. Lo que descubrimos fue que las libélulas no migran en esa época del año y no pululan sobre el océano abierto. No había una explicación «razonable» para lo que había sucedido.

—Las libélulas son un recordatorio del cambio y del crecimiento —dijo John—. Estos pequeños insectos que crecen en el fondo de los estanques pueden llegar a convertirse en estas hermosas criaturas translúcidas.

Lo que les explicó fue una forma de mostrarle a la gente que el cambio ocurre; y ellos querían ser parte de esa experiencia.

De hecho, el fenómeno de las libélulas no es la única vez que algo inexplicable ha ocurrido.

Hemos tenido algunas experiencias realmente hermosas en Strange Escapes, en Hawái, donde el guía local, el Tío Joe Espinda, hijo, nos ha llevado de excursión a lugares sagrados. Ha realizado rituales con cánticos y oraciones, y nos ha guiado para hacer meditaciones. No puedo hablar sobre los sentimientos personales de nadie más, pero esos momentos resultaron ser experiencias espirituales muy reveladoras para mí, en las que me sentí una sola con la isla y pensé que estaba contactando con energías más grandes que yo.

Con *Haunted Salem* teníamos la oportunidad de establecer contacto, en tiempo real, con nuestro grupo más grande, hasta ese momento, de personas interesadas en lo paranormal, y quisimos hacer algo único y especial. Greg y Dana sugirieron un experimento de intención en el que participáramos los cinco (los otros tres éramos Adam, Chip y yo), en el que Dana realizaría algunos rituales mágicos, mientras Greg pintaba un sigilo que funcionaría como una especie de puerta hacia el otro lado. La energía y las intenciones de los espectadores, en casa, amplificarían nuestra energía y aumentarían el poder de nuestra investigación. Dado que esto estaba sucediendo en uno de los lugares más íntimamente relacionados con la brujería en todo el mundo, sentimos que agregar magia podría ser extraordinariamente significativo.

Primero, Dana formó un círculo mágico, un espacio consagrado para elevar y contener energía. Nos dijo que visualizáramos una burbuja alrededor de la habitación, mientras decía:

—La tierra es mi cuerpo, el aire es mi aliento, el fuego es mi espíritu, el agua es mi sangre. Lanzo el círculo con perfecto amor y perfecta confianza. Así sea.

Una vez que el círculo estuvo formado, permanecimos en esa habitación hasta que terminó el ritual. El círculo también funcionó como una protección para nosotros, para evitar que cualquier cosa negativa entrara en el lugar.

Entonces Greg comenzó a pintar el sigilo, usando tinta consagrada.

—Este símbolo va a ser una puerta hacia los muertos —dijo. El sigilo fue creado con esa intención específica.

»Este espacio es una puerta para los muertos —dijo, y pintó esas consonantes para representar la intención. El símbolo mágico nos ayudaría a conectarnos y comunicarnos con el mundo de los espíritus, pero aún necesitábamos ayuda para potenciar el símbolo, por lo que les pedimos a los espectadores, que nos veían desde casa, que se concentraran en el sigilo, que enfocaran toda su energía e intención en él, incluso les dijimos que lo dibujaran en casa si así lo deseaban.

Mientras esto sucedía, hice un experimento con una caja de espíritus; utilicé una caja de Frank original. La energía que había en la habitación era tan elevada que me sentía algo inquieta, pero comencé. Incluso antes de que alguien me hiciera una pregunta, escuché: «Hola».

—¿Quién está aquí con nosotros? —preguntó Adam.

—*Mi familia.*

—¿Cuántos de ustedes están aquí? —prosiguió.

Chip preguntó:

—¿Cuál es tu nombre?

—*No puedo oírte.*

Cuando dijo eso, Adam habló a los espectadores en casa:

—Todos concéntrense en la puerta, concéntrense en abrir la puerta.

—¿Te molesta este símbolo? —Quiso saber Chip.

—*Llévame a casa. Vete.*

—Lo siento, pero vamos a estar aquí por un tiempo —dijo Adam—. ¿Puedes decirnos tu nombre? ¿Eres Giles Corey?

—*Mis hijos.*

—¿Eres John Proctor? ¿Elizabeth?

—*Cuchillo.*

Chip preguntó:

—¿Quién usó un cuchillo?

—*Ganar dinero con la muerte.*

—¿Fuiste acusada de ser una bruja?

—*El ático.*

—¿Puedes decirnos al menos cuántos años tienes? —preguntó Adam—. ¿Eres un niño?

—*Ahí está.*

—Está bien, pero ¿quién está ahí? ¿Qué hay ahí?

—*La gente. Ático.*

Mientras esto sucedía, James McDaniel, quien nos informaba sobre las respuestas en las redes sociales durante la transmisión, dijo que las respuestas al sigilo eran significativas.

—En este momento la gente en todo el país informa de dolores de cabeza, opresión en el pecho, personas que huelen humo, y todos dicen que proviene de su concentración en el sigilo —dijo.

También citó a alguien que comentó: «Nunca me había sentido tan afectado por algo de la televisión». La energía se volvió tan intensa que los productores le pidieron a Dave Schrader, el copresentador de la transmisión, que interviniera y le dijera a la gente cómo cerrar el sigilo: dándole la vuelta, para que pudieran controlar lo que pasaba en sus casas.

La energía que había en la casa era palpable. Todos podíamos sentirla zumbando a nuestro alrededor, y la temperatura en la habitación había bajado drásticamente. Dana rompió el círculo.

—Piensen esto en términos de una presa —dijo—. Toda la energía que hemos acumulado en este espacio fluirá a través de la casa.

Fuimos e investigamos el ático, pero no encontramos a las personas de las que hablaba el espíritu que habíamos canalizado. Así que volvimos a bajar y nos sentamos todos alrededor del comedor y nos tomamos de las manos. Era hora de que Chip comenzara una sesión de espiritismo.

Había tanta energía por el experimento que, literalmente, podíamos sentir la mesa zumbando debajo de nosotros, casi como si estuviera electrificada.

—John Proctor, si estás en este espacio, ven y quédate con nosotros, ahora, en este círculo —dijo Chip—. Sabemos que tuviste una historia muy excepcional en este pueblo. Y queremos saber más sobre ti y, tal vez, corregir algunas de las cosas que la historia nos ha dicho sobre ti o verificarlas.

La mesa vibraba hasta el punto en que se balanceaba hacia adelante y hacia atrás. Chip, al tratar de conectarse con los espíritus de la casa, quedó en blanco.

—¿Chip? —le pregunté—. ¿Estás bien?

Él no respondió. Gritamos, agitamos las manos, y nada. Finalmente, fue necesario que Adam lo abofeteara suavemente en la mejilla para traerlo de vuelta con nosotros.

—Más peso —dijo Chip.

Estaba retomando la frase que Giles Corey repetía, una y otra vez, mientras lo torturaban. Fue aplastado con piedras hasta la muerte porque, a diferencia de las personas que fueron juzgadas y ahorcadas, Corey se negó a declararse culpable y, por lo tanto, no pudo ser juzgado. La tortura era un intento para arrancarle una declaración, no para matarlo. Cada vez que el ministro exigía una respuesta, Corey repetía: «Más peso». Después de tres días de ese infierno, murió, pero algunos dicen que sus últimas palabras fueron: «Maldito seas. ¡Te maldigo a ti y a Salem!».

Así que cuando Chip escuchó: «Más peso», sabía con quién estaba tratando y, definitivamente, no era John Proctor en su propia casa.

—Puede ser que tengamos a alguien haciéndose pasar por otra persona: Giles Corey. Giles nos está engañando.

Mientras tanto, cada vez que yo cerraba los ojos, me sentía mareada.

—Esta habitación es completamente desorientadora y está helada —dijo Chip—. Dana, voltea otra carta y ve lo que nos dice.

La primera vez que Dana sacó una carta del mazo de tarot embrujado, reveló a El Diablo.

—Todo se trata de manipulación —explicó—. Se trata del tipo de personas que saben que están manipulando y lastimando a otros, y no les importa. Lo disfrutan. ¿Es posible que sea un hombre que fue tan ultrajado que maldijo a todo un pueblo?

Dana revolvió y revolvió la baraja. Volteó una carta.

Por segunda vez consecutiva salió El Diablo. Indudablemente había algo desagradable en esa habitación.

La intención importa mucho durante una investigación paranormal. En este caso es poco probable que hubiéramos obtenido respuestas tan fuertes sin la ayuda de los televidentes que sumaron su energía e intención a nuestro trabajo. Sentimos como si estuviéramos hablando directamente con uno de los fantasmas más populares de la ciudad, porque teníamos la intención de llegar más lejos y establecer esa conexión.

La transmisión en directo de *Haunted Salem* es la única vez que hemos intentado algo de esa magnitud. En Strange Escapes nuestros experimentos tienen quizá cincuenta o cien personas. Pero el mismo principio de intención se aplica también a las investigaciones individuales. Cuando alguien comienza una con un resultado específico en mente, es sorprendente la frecuencia con la que obtiene resultados que concuerdan con la intención que puso en un inicio. El sesgo cognitivo, es decir, ver solo lo que se quiere ver, se relaciona mucho con eso, pero esa no es toda la explicación.

—Si estamos en una investigación de Amy Bruni, sabemos que probablemente podemos esperar cierto tipo de actividad —dijo Greg—. Pero también hemos hecho algunas con personas en programas de televisión, en los que les gritan a los fantasmas y atraen a una multitud para ver, y entonces tenemos un tipo de actividad muy diferente en ese tipo de investigación. Eso no significa que eso sea objetivamente lo que sucedió, significa que esa es la experiencia que propiciaron.

»La forma en la que comenzamos casi todas las investigaciones es con un poco de meditación, como un ejercicio de visualización, en el que lo único que queremos es enfocarnos en la comunicación —agregó—. Creo que es muy importante que, antes de entrar y sentarnos, hagamos todo lo posible por dejar que todas esas otras cosas se vayan flotando, y solo nos concentremos en estar ahí con un propósito específico. Si puedes hacer eso, tendrás una mejor experiencia.

—Algunas personas suelen poner los ojos en blanco —dijo Dana—, pero una de las cosas de las que hablamos mucho, cuando dirigimos investigaciones grupales, es que la intención con la que participan realmente dictará su experiencia. Cuando tenemos grupos de personas que, por ejemplo, prefieren un programa de caza de fantasmas a otro, y tal vez ese programa tenga una forma de investigar que sea un poco más agresiva o tenga un sesgo un poco más hacia lo oscuro, traerán ese tipo de energía con ellos a la investigación.

Esa energía negativa a menudo conducirá a respuestas más antagónicas o a más ira.

—Lo que pasa con lo paranormal es que es subjetivo, y si quieres experimentarlo, tienes que someterte a ello —añadió Greg—. Solo las personas que deciden buscarla, o que están en un espacio mental que parece atraer ese tipo de actividad, la van a experimentar. Una persona ve apariciones en lugares donde hay trauma, abuso o dificultades y las cosas están en un estado de agitación o en un estado incompleto.

A veces, y esto puede sonar un poco extraño, la clave para resolver lo que sucede en un caso proviene de alguien que no está percibiendo la actividad y que ni siquiera cree necesariamente en fantasmas. En el caso de Connecticut, en el capítulo 2, donde los nuevos propietarios estaban haciendo renovaciones y tenían un montón de actividad que parecía aterradora, el problema surgió por un simple asunto de interpretación. El señor Kotek, el inmigrante polaco que originalmente era dueño de la casa, nunca aprendió a hablar inglés, por lo que literalmente no podía entender lo que estaba pasando en su casa. Necesitábamos la ayuda de un traductor para hacer nuestro trabajo. Así que llamamos a una mujer para que tradujera para nosotros; ella trabajaba en un restaurante polaco cercano. Nos ayudó a comunicarnos con él y juntos pudimos solucionar el problema.

En una ocasión ni siquiera era una persona a la que necesitábamos para ayudarnos, sino una banda. En el Twisted Vine, un restaurante, en Derby, Connecticut, había mucha actividad. El personal informó haber visto apariciones, escuchado voces y afirmaban que sucedían cosas extrañas con los dispositivos electrónicos varias veces a la semana. Los clientes se asustaban tanto por lo que veían y sentían que, frecuentemente, se levantaban y se iban. Escuchamos que el espíritu que rondaba el restaurante, a quien llamaban Sam, por lo regular aparecía cuando escuchaba música proveniente de la taberna, en la planta baja. Entonces, en un episodio de la cuarta temporada de *Kindred Spirits* llamamos a una banda y les pedimos que tocaran en vivo mientras investigábamos. Casi de inmediato, Sam apareció en nuestra cámara SLS. Esa fue la primera oportunidad que nos ayudó a resolver el misterio.

El edificio, construido en 1892, había sido un banco antes de convertirse en restaurante, a finales de la década de 1970. Mike, el dueño de Twisted Vine, nos había dado algunos artículos relacionados con el banco. Más tarde, ese día, cuando usamos un billete como objeto desencadenante, Sam nos dijo que reconoció el papel. A partir de ahí pudimos investigar a Samuel Lesseey, un antiguo empleado de lo que solía ser el Birmingham National Bank, quien se quitó la vida cerca del edificio, en noviembre de 1913. Lesseey había estado vinculado con un robo que ocurrió ahí: un cliente había alterado un cheque de 25 dólares para cobrar 2 500. Se cree que la vergüenza por el error y el escándalo que derivó de este lo llevaron a suicidarse. Caminó hasta un cementerio local, se acostó en el ataúd de un mausoleo y se pegó un tiro en la cabeza. La historia se propagó hasta la costa oeste, y apareció en *Los Angeles Herald*, aunque su apellido apareció escrito como «Lessep» y «Lessey» en la historia.

También he recogido varias historias en las que personas que no necesariamente se llamarían creyentes fueron clave para ayudar a resolver un caso. Pero una que destaca fue en la mina Sterling Hill, en Ogdensburg, Nueva Jersey. La mina abrió en 1630 y fue una de las vetas de zinc más ricas del país hasta que cerró en 1986.

Actualmente la mina es una atracción histórica y un museo que atrae a unos 25 000 niños al año en excursiones. Por esta razón, los guías turísticos se habían sentido tan incómodos con la extraña actividad que habían estado presenciando en las minas a últimas fechas. Freddy, un guía turístico, informó que la gente veía rostros en las ventanas del museo y se escuchaban voces y pasos en la mina. También dijo que había un fantasma, que parecía enojado y empujaba a la gente.

La mina, no obstante, fue difícil de investigar. Debido a que ni Adam ni yo habíamos pasado mucho tiempo en minas abandonadas antes (raro, ¿verdad?), tuvimos dificultades para distinguir los ruidos normales de una zona minera de los ruidos potencialmente paranormales.

Una de las cosas que Freddy había mencionado es que cuando la gente se acercaba al pozo de la mina todas las luces se encendían al mismo tiempo, pero cuando la persona retrocedía las luces se volvían a apagar. Era casi como si alguien le estuviera diciendo a la gente que no se acercara, advirtiéndoles que se mantuvieran alejados de un lugar tan peligroso.

Freddy sentía tanta actividad paranormal dentro y alrededor de la mina que no podía negar que estaba embrujada. Doug, un trabajador de la mina que ahora es historiador, insistió en que no había fantasmas. Comentó que nunca había visto ni oído nada, y trabajó ahí durante 12 años.

Normalmente confiamos mucho en los sonidos más insignificantes para nuestras investigaciones. En la mina, sin embargo, había tantos ruidos que necesitábamos la ayuda de Doug para que nos dijera qué era normal y qué podría no serlo. A pesar de que dijo que no creía en fantasmas, tenía una actitud muy servicial. Doug se puso su equipo de minería y pasó al área subterránea con nosotros.

Había un ruido retumbante que escuchábamos una y otra vez, pero no pudimos identificarlo.

—Eso suena como un carro minero —dijo Doug. El problema era que la mina no estaba en funcionamiento. Definitivamente no había carros mineros moviéndose en las vías del túnel.

Seguimos avanzando a través de la mina y llegamos a otro lugar donde sonaba como si hubiera voces que provenían del otro extremo del túnel.

—¿A qué te suena eso? —le preguntamos a Doug.

—Suena como si fueran voces —dijo. Ese era otro ruido que definitivamente no era un ruido normal de mina—. Doce años, 52 semanas, cinco días a la semana: entré aquí más de tres mil veces y al final del día salí otras tres mil veces.

—Y, sin embargo, nunca has escuchado las voces que escuchaste esta noche sino hasta ahora —comenté.

—Cierto —afirmó—, eso es cierto.

Fuera de cámara, Doug dijo:

—Honestamente, nunca me quedé quieto aquí. Cada vez que estuve en esta mina estaba trabajando. Hay otros hombres trabajando. Siempre es ruidoso.

Parecía realmente perplejo por lo que estaba presenciando. Aunque me di cuenta de que estaba abriendo su mente a la idea de que tal vez ahí estaba sucediendo algo de otro mundo.

Comenzamos a investigar las muertes en la mina y nos enteramos de que casi doscientas personas habían fallecido por accidentes y explosiones a lo largo de su historia. Yo recopilé información de pocas personas, entre lo que encontré estaba una colisión ferroviaria que mató a tres hombres, en 1909, y un accidente que uno de los trabajadores provocó sin darse cuenta cuando salió de la jaula que transportaba a los hombres al pozo de la mina, la jaula se estrelló 150 m abajo y mató a los otros dos hombres que había dentro.

—Hola, mi nombre es Amy, gracias por hablar con nosotros esta noche —dije en un experimento de caja de espíritus esa noche—. Mi amigo Adam debería poder escuchar sus respuestas, así que hable lo más fuerte que pueda. Solo estamos tratando de averiguar quién sigue aquí y por qué.

—*Hay una multitud.*

—¿Sabes algo de los autos que chocaron aquí? Esto fue en 1909. Murieron tres hombres. —Nada—. ¿Sabía sobre el accidente del ascensor?

Se oyó un jadeo de Adam. Él preguntó:

—¿Hay alguien aquí parado? —No había nadie.

—*Me persiguieron para salir.*

—¿Fuiste expulsado de las minas?

—*Fuera de la mina.*

—Bien, ¿quién te persiguió fuera de la mina? ¿Fuiste expulsado de tu trabajo?

—*Yo no tenía trabajo.*

—¿Tu trabajo tenía algo que ver con la jaula?

—*Operacional.*

—¿Causaste un accidente?

—*Vamos.*

—¿Pasó algo por lo que te trataran injustamente?

—*No puedo describirlo.*

—¿Hiciste algo malo? ¿No seguiste un procedimiento?

—*Pido disculpas.*

Parecía que alguien hizo algo que resultó en un accidente, y este fantasma se sentía mal por eso. Mientras lo discutíamos, la lámpara que estaba frente a nosotros se apagó. La volví a encender.

Una vez que descubrimos que con quien estábamos hablando estaba relacionado con el accidente de la jaula, volvimos a la mina y llevamos a Chip con nosotros. De inmediato entendió la situación, alguien ahí está «tan a la defensiva, que es casi agresivo». Esto concordaba con el fantasma enojado que asustaba a la gente e intentaba provocar que se fueran, apagando las luces.

Luego, por supuesto, todas las luces de la mina se apagaron, mientras estábamos solos ahí abajo.

—¿Puedes decirnos tu nombre? —Adam preguntó en una sesión de EVP.

—*Carroll, Frank.*

Así que este fue el hombre que provocó el accidente. Era casi como si estuviera tratando de sacarnos de ahí, para advertirnos que no estábamos a salvo. No sabemos por qué Frank eligió quedarse estancado ahí, sobre todo porque no murió en la mina. Su espíritu está en ese lugar por elección. Pensamos que podría haber sido porque se sentía culpable, o porque quería limpiar su nombre. Freddy ofreció otra idea: que no entendía por qué había sobrevivido él cuando otros dos hombres murieron por su culpa.

En esa mina se necesitó a un creyente y un escéptico para resolver el caso. John Tenney cree que es necesario algo más que un pueblo embrujado o toda una comunidad creyente de lo paranormal para participar en estas conversaciones.

—Pensar en estas cosas nos da la oportunidad, el motivo y los medios para hablar entre investigadores sobre nuestros pensamientos introspectivos más profundos, nuestras preocupaciones, nuestras inquietudes, nuestros miedos —dijo—. Si eso es todo lo que hacen los fantasmas, un mecanismo para hablar entre nosotros sobre nuestras experiencias emocionales profundas, entonces eso es muy valioso. El mundo necesita eso. Necesita que hablemos entre nosotros. Si eso es lo que están creando los fantasmas, si nos están dando experiencias extrañas solo para que podamos hablar entre nosotros sobre más experiencias extrañas, eso también es muy importante. El mundo sí que es raro.

Huéspedes inesperados en San Agustín

Una de las mejores cosas de organizar eventos paranormales es que puedo regresar a mis lugares embrujados favoritos una y otra vez. El faro San Agustín, en San Agustín, Florida, es definitivamente uno de ellos.

El faro, construido en 1874, ha acumulado una gran cantidad de fantasmas, pero debido a la acústica y el ruido ambiental, puede ser difícil de investigar, y más si hay un gran grupo de personas. Alguien puede susurrar desde abajo y suena como si estuviera en nuestro oído. Se necesita un esfuerzo coordinado y que todos estén atentos y conscientes de los ruidos que están haciendo para poder percibir cualquier cosa. Sin embargo, si logras hacerlo bien, investigar un faro puede ser muy gratificante. Suelen tener mucha actividad, tanto por la energía que la gente pone en ellos como por su posición cerca del océano, que se cree que también emite energía.

Una noche estaba en el sótano del faro, dirigiendo una investigación grupal. Estaba oscuro y había unas 15 personas ahí. Mientras miraba al otro lado de la habitación vi a algunos individuos sentados en un banco: eran un hombre alto y dos más, cada uno a un lado de él.

Inmediatamente, algo se sintió raro. Había estado con estas mismas personas durante un fin de semana, pero no reconocí a ese hombre. ¿Se había colado en el grupo?

Dirigí brevemente mi atención hacia el otro lado, y cuando me di la vuelta se había ido.

—¿Quién era ese tipo sentado entre ustedes? —pregunté a las otras dos personas.

Ambos me aseguraron que nadie más se había sentado con ellos.

Capítulo 12

NO ES NECESARIO PROBAR QUE LOS FANTASMAS EXISTEN

DE ACUERDO, TAL VEZ el título de este capítulo te suene raro si piensas en todo lo que te he contado. Pero si has llegado hasta aquí y estás teniendo esa reacción, bueno, eso ya depende de ti. Prometí muchas rarezas en este libro.

La realidad es que nunca vamos a cambiar la opinión de nadie sobre lo paranormal. Nunca vamos a poder «probarle» a un escéptico que ha tenido una experiencia sobrenatural genuina. Podríamos tener la evidencia más convincente del mundo; sin embargo, las personas que están empeñadas en desacreditarla encontrarán una manera de demostrar (al menos a sí mismos) que es falsa.

—Nunca sentí la necesidad de demostrarle a nadie que lo paranormal existe. Simplemente quería entender los fenómenos para ayudar a las personas a lidiar con ello, jamás he querido probar la existencia de una vida después de la muerte —dijo Grant Wilson.

Desde que Grant dejó el programa original de *Ghost Hunters*, ahora dirige al equipo con una nueva versión en A&E.

—Además, ¿has visto lo que hacen en las películas estos días? Ninguna cantidad de evidencia visual o de audio convencerá a nadie de nada en esta actualidad de trucos digitales.

La visión de los escépticos es no creer simplemente porque aún no han tenido experiencias sobrenaturales.

—¿Por qué se debe insistir en que crean? Nosotros no debemos esperar que ellos crean más, así como ellos no deben esperar que nosotros no creamos —sentenció Grant—. Nuestro trabajo nunca se ha tratado de comprobar a un panel de escépticos que existe el más allá. Se trata de mantener ambos pies en la tierra mientras conservamos la mente abierta. Estamos explorando caminos que la ciencia rechaza rotundamente, pero que acepta cuando le conviene. No debemos buscar que los escépticos crean si no han tenido una experiencia que los obligue a pensar de manera diferente. Y ellos no deberían cancelar todo lo que nosotros experimentamos sin la debida diligencia.

Creo que eso es cierto, pero continuamente me he encontrado con escépticos que intentan involucrarme en debates en los que casi me desafiaran a cambiar de opinión. La objeción más común que recibo es:

—Bueno, si los fantasmas son reales, ¿por qué no he visto el video de uno?

La respuesta es corta: grabarlos en video es complicado. Si alguna vez has estado en una investigación, piensa en lo difícil que es incluso estar seguro de que has visto algo que está justo frente a tu cara, y qué raro sería que apareciera un fantasma de manera franca.

La respuesta más larga tiene que ver con los ángulos de la cámara, la iluminación y el hecho de que los fantasmas simplemente no son tan buenos para pararse en los señalamientos.

En *Kindred Spirits* trabajamos con un equipo limitado. Hay dos operadores de cámara, un operador de sonido, un productor, un gerente de producción y nosotros. Eso es un grupo increíblemente pequeño para un programa como el nuestro (y de hecho nos ha llevado a muchos encuentros cercanos con el mundo de los espíritus, lo que en definitiva ha convertido a algunas de las personas detrás de escena en creyentes). Debido a que el programa trata sobre Adam y yo, y la forma en que investigamos, las cámaras siempre están enfocadas en nosotros y en lo que estamos haciendo. Puede aparecer un fantasma, en el raro caso de que uno en verdad quiera *salir*, por una fracción de segundo. Apenas el tiempo suficiente para que registremos su presencia. En muchos casos, solo uno de nosotros lo ve, porque desaparece igual de rápido.

Las cámaras que filman el programa son mucho más complejas que otros aparatos donde solo apuntas y disparas, por lo que se necesitan unos minutos para reajustar una toma, sobre todo cuando el camarógrafo está haciendo un primer plano y luego trata de hacer la transición para filmar algo lejano. Experimentamos con cámaras corporales para tratar de capturar lo que estamos viendo, pero la grabación sale tan «llena de vida» que verla marearía a cualquiera. Y aunque capturamos anomalías en las cámaras DVR con bastante frecuencia, es casi imposible cubrir todo un espacio con ellas, porque funcionan con luz infrarroja (IR), así que pueden competir entre sí y causar problemas de deslumbramiento.

Cuando por fin hagamos contacto con alguien que soñaba con ser una estrella de cine, tal vez podamos pedirle que se pare en un lugar determinado mientras ajustamos nuestras cámaras para poder capturar su imagen por completo. Pero hasta que ese momento llegue, tendremos que seguir trabajando como hasta ahora. Y, sinceramente, incluso si consiguiéramos que eso pasara, alguien diría *de cualquier manera* que lo inventamos.

Ha habido muchas ocasiones en las que captamos algo que, para mí, parece una evidencia indiscutible. Y es sorprendente lo inventiva que puede ser la gente para idear formas que muestren que «obvio hemos falsificado» esa prueba. Si hemos visto las redes sociales en algún momento de la última década y hemos notado lo tóxicas que pueden ser, tal vez no nos sorprendamos en absoluto. La gente afirma que falsificamos nuestros EVP o que los sonidos que captamos son de nuestro equipo haciendo ruido fuera de la pantalla.

Creo que es de conocimiento público que algunos programas pueden mejorar o resaltar ciertos aspectos de la narración, pero es bastante fácil darse cuenta de cuáles son. Esos son puramente para el entretenimiento. A la gente le encantan las historias espeluznantes y, definitivamente, yo soy una de ellas. Sin embargo nuestro programa es muy diferente a todo eso. Buscamos experiencias genuinas y hacemos todo lo posible para ayudar a las personas y, como probablemente ya has notado, a veces eso significa que no encontraremos evidencia, o encontramos evidencia que no estábamos buscando y, en ocasiones, significa decirles a las personas eso que no quieren escuchar. Ojalá pudiéramos fingir y encontrar respuestas que hicieran felices a las personas todo el tiempo; por desgracia, esa no es la naturaleza del trabajo que hacemos. Y, siendo sincera, no soy tan buena actriz. Cada vez que se escucha que me ponen el sonido de censura en el programa, o que se me ve saltar del susto, son respuestas totalmente genuinas.

—He sido parte de programas donde piensan diferente —dijo nuestro anterior *showrunner*, Brian Garrity—. Digamos que… nos aseguramos de que algo *pase*. Eso era muy distinto cuando trabajaba con Adam y Amy. Con ellos no era como si alguien hablara por el *walkie-talkie* y dijera: «Muy bien, ¿estás listo? Aquí vamos». Es difícil de explicar sin evidenciar a muchas personas en cuanto a cómo hacen televisión, pero trabajar con ellos dos fue, por mucho, una de las experiencias más reales que he tenido al trabajar en este género de televisión.

Alguien que nos quiera llevar la contra podría decir que cualquier programa de televisión es en sí entretenimiento, y eso sin duda es cierto. Veo nuestro programa como puro entretenimiento para personas que no creen en fantasmas. Y podrían pensar que es espeluznante, pero también que estoy fingiendo todo el tiempo. Pero *Kindred Spirits* también es para personas que sí creen en fantasmas y espíritus, que pueden observarnos y saber que tenemos integridad y empatía. Nunca falsificaremos nada, y siempre investigaremos la historia lo mejor que podamos. Es algo completamente real. Mantener nuestra integridad es nuestra primera prioridad en el programa. La gente puede insinuar que estamos equivocados y buscar fallas en nuestra investigación y en nuestra evidencia, pero si conoces tu verdad, lo que digan no afectará lo que hacemos y cómo lo hacemos. Siempre quiero poder mirar a mi hija a los ojos y decirle que nunca mentí en un negocio en el que la gente espera que se mienta.

Siempre y cuando encuentres la verdad, eso es en realidad lo único que importa. La forma más segura de encontrar la verdad es tener una investigación sólida y confiar en hechos, en lugar de leyendas. Nos debemos a nosotros mismos y a estos lugares históricos descubrir la verdad sobre ellos. Si no podemos probar que los fantasmas existen en un lugar, al menos podemos descubrir y garantizar información objetiva para dar una ubicación.

—Hay cada vez menor comprensión y respeto por el verdadero objetivo del campo de la investigación paranormal —dijo Grant—. No se trata de encontrar fantasmas o probar que existe el más allá. Se trata de recopilar información para lograr comprender por qué alguien piensa que tiene un problema paranormal. El 80% de las veces puedo explicar las afirmaciones paranormales que nos da la gente por medio de razones mundanas: plomería defectuosa, falta de sueño, envenenamiento por monóxido de carbono, necesidad de atención, lo que sea. Cuando investigamos se trata más de probar que existe lo «normal», que de probar que existe lo paranormal.

En la mayoría de los casos, cuando las personas no están contentas con nuestros hallazgos, es porque no descubrimos *suficiente* evidencia sobrenatural, o porque lo que descubrimos en los registros históricos no coincide con las historias que les han contado y que consideran verdaderas. En Twisted Vine, una de las cosas en las que nos enfocamos inicialmente fue una inundación descomunal que azotó la ciudad en 1955, que desenterró ataúdes en el cementerio. Los cuerpos flotaban río abajo. Fue espantoso. Pero a las personas del restaurante les habían dicho que el edificio había sido utilizado como un depósito de cadáveres, y pensaron que la actividad podría estar relacionada con eso. Cuando descubrimos que su fantasma no tenía ninguna relación con el incidente y que había muerto en 1913, se sorprendieron, pero al final se alegraron de tener una explicación.

La gente de Twisted Vine tomó bien la noticia; obviamente este no es un ejemplo de alguien que se haya sentido molesto por nuestros hallazgos. Pero en los casos en los que las personas se han sentido consternadas con nuestros resultados, lo único que hago es confiar en los hechos de la situación, tal como los encontré por medio de la investigación. Aun así, como dije, no se puede cambiar la opinión de otra persona. En realidad no creo que se deba siquiera intentarlo. Creer en fantasmas es una convicción personal como cualquier otra. No debemos intentar cambiar la opinión de nadie sobre su sistema de creencias. Alguien cree o no, pero cada quien elige.

Y, más bien, cuando se trata de eso, ¿a quién le importa si la gente nos cree? Para mí ese no es el objetivo de la investigación paranormal; el punto es observar y aprender para nuestro propio disfrute. Quien lee este libro lo hace porque le interesa lo paranormal. Tal vez algún día vaya a una investigación o a un evento y aprenda más ahí. Se trata de su propio desarrollo personal. Las personas que tienen la intención de dudar de nosotros no van a cambiar de opinión, sino hasta que tengan una experiencia.

—No veo que «creyente» y «escéptico» se excluyan mutuamente —dijo Grant—. Muchos escépticos son simples creyentes de sus propias ideas, tanto que rechazan otros hechos y otra realidad, que es exactamente como los escépticos mismos ven a los creyentes. —Grant se identifica como ambos—. He tenido experiencias asombrosas que nadie me ha podido explicar, pero soy escéptico de ellas y de toda la evidencia que se me presenta. Solo deberíamos presentar algo como paranormal si hemos agotado todo nuestro conocimiento y el de aquellos profesionales expertos que nos ayudan con una consulta.

Sin embargo, incluso después de todo esto, no creo que haya una sola persona en el mundo que no haya experimentado algún tipo de coincidencia extraña o algún tipo de sincronicidad extraña.

—Esas experiencias son el universo dándonos mensajes —comentó John Tenney en una de sus conferencias—. Puede ser tan simple como una canción que suena en la radio en el momento exacto, o alguien que nos llama justo cuando estábamos tomando el teléfono para hablarle.

Él cree que no son simples coincidencias.

—Cuando los científicos dicen que nada de esto es real, que todo es una coincidencia, bueno, la definición en el diccionario de esa palabra es «eventos aparentemente no relacionados que, sin ninguna razón discernible, están en apariencia relacionados». Esa definición es basura para mí. Significa que no sabemos por qué suceden. Entonces, cuando un científico dice que es solo una coincidencia, literalmente te está diciendo: «No tengo idea de por qué sucede eso». No es una explicación. Es su manera de decir que nosotros no sabemos.

El no saber, para mí, es la mitad de la diversión, porque entonces podemos enterarnos. Grant continúa:

—He tenido experiencias increíbles que no puedo explicar: sentarme y esperar a que los muebles de una sala dejen de moverse para poder pasar junto a ellos, ser golpeado con fuerza en la cara por una sombra tan fuerte como para hacerme girar y derribarme. Sin embargo, sigo escudriñando cada experiencia y cada evidencia que se me presenta. Si no puedo explicarlo, es paranormal para mí. Eso no significa que sea un fantasma, solo significa que no puedo explicarlo… aún.

Los fantasmas del Otesaga Resort Hotel

Hace años participaba en un evento en el Hotel Otesaga, en Cooperstown, Nueva York. Es un lugar notoriamente embrujado, tiene más de un siglo de antigüedad y fue un internado durante décadas.

El quinto piso del hotel supuestamente tenía una presencia que parecía muy enojada. Estábamos planeando llevar invitados ahí para investigar, así que yo quería hacer un recorrido con un psíquico que también estaba trabajando en el evento, para tener una idea sobre la presencia y asegurarme de que no fuera algo muy negativo.

Esto fue hace más de una década, cuando todavía estaba aprendiendo los conceptos básicos para realizar investigaciones grupales, y este psíquico insistió mucho en que intentara usar mi propia intuición mientras caminábamos por el lugar.

—Dime en qué habitación sientes una vibra —dijo mientras pasábamos por el pasillo. Era mediodía y no había invitados en ese piso porque íbamos a usarlo.

Mientras atravesábamos una habitación, definitivamente tuve una sensación extraña.

—Siento algo aquí —dije.

Cuando abrimos la puerta, él de inmediato sintió a alguien enojado. Además esa habitación tenía que estar a 30 °C, aunque el termostato no estuviera encendido.

—¿La temperatura está así porque está enojado? —Quise saber.

—A veces, puede ser —dijo.

—¿Y qué hacemos? —pregunté.

—Hablemos con él —respondió el psíquico—. Dile lo que va a pasar aquí.

Así lo hice.

—Esta noche va a haber mucha gente que entra y sale de este espacio, y nadie te quiere hacer daño —comencé—. Ellos solo quieren conocerte. Quieren saber sobre la historia del hotel. Simplemente estarán aquí esta noche. Me doy cuenta de que eso podría molestarte, pero si hay algo que quieras decirles, en definitiva, no debes dudar en hacerlo.

Le hablé como cualquiera le hablaría a alguien que se muestra reacio a conocer a un grupo de personas.

—¿Se siente diferente? —pregunté.

—Sí, creo que funcionó —respondió.

De pronto, cuando salíamos de la habitación, un pedazo de moldura salió volando del marco de la puerta. No cayó, voló. Pudimos escuchar el zas, zas, zas, mientras los clavos que lo sujetaban en su lugar eran arrancados de la pared. Voló directamente, con fuerza hacia mí. Directo a mí.

Era claro que quienquiera que estuviera en esa habitación no estaba interesado en hacer amigos.

Cerramos esa habitación y no dejamos entrar a nadie esa noche.

Capítulo 13

NO CREAS TODO LO QUE LEES

ESTO SE PONE CADA VEZ MÁS RARO, ¿verdad? Pero pon atención aquí, porque de todas las cosas que he dicho en este libro, esta es la que más quiero que entiendas.

Bajo ninguna circunstancia debes tomar nada de lo que hayas leído en este libro como un hecho indiscutible.

Cuando se trata de lo sobrenatural, no hay una verdad absoluta. No existe un solo conocimiento universal (bueno, probablemente lo haya, pero no lo vamos a entender en esta vida. ¿Verdad? Habrá que dejar de escucharme).

Todo lo que hay, al menos en este plano, se convierte en una gran conversación. Soy una voz en esa discusión. Cada persona en este libro es otra voz individual. Debido a nuestra experiencia y a nuestros trabajos de cara al público, nuestras voces pueden amplificarse, pero eso no significa que mis ideas sean más «correctas» que las tuyas. Tal vez tus experiencias crean una percepción que yo no tengo (en ese caso, te pido que me sigas en alguna de mis redes sociales porque me encantaría conocerte).

—Si alguien nos dice que algo que vemos sin duda es un demonio o un fantasma, nos está llevando por un camino equivocado, porque nadie en este campo sabe lo que está pasando —dijo John Tenney—. Solo sabemos que *algo* está pasando. He hecho esto durante treinta años, y todo el tiempo me someten a experiencias que cambian radicalmente mi forma de pensar sobre lo paranormal.

Hay magia (por lo menos, un elemento de lo inexplicable) a nuestro alrededor todos los días. En ese Strange Escapes at Sea, donde atravesamos el Triángulo de las Bermudas, había cuerdas de ajo colgadas alrededor del puente, donde el capitán controla el barco.

—Es para alejar los malos espíritus —nos explicó en un recorrido—. Cuando trabajas en un barco como este, tomas todas las precauciones, sin importar lo que sea. Solo queremos asegurarnos de que todo esté bien aquí.

Mientras escribo esto, estamos en medio de una pandemia global, como nunca antes se había visto en nuestra generación. En mi estado todavía hay restricción para salir de casa, y frenar la propagación del nuevo coronavirus, y aunque las personas hablan con entusiasmo sobre la apertura de algunos estados, algunos sienten que es demasiado pronto para hacerlo y que podría empeorar la situación en lugar de mejorarla. Todavía es demasiado pronto para saber qué va a pasar o cuándo terminará esto. Ninguno de nosotros, excepto aquellos que en verdad pueden predecir el futuro, sabe cuál será el resultado final.

Pero creo saber una cosa que resultará del coronavirus: el interés en lo paranormal se volverá aún más fuerte de lo que es ahora.

Históricamente, después de eventos masivos que cambiaron el mundo tal como lo conocemos, se ha detonado el interés en lo que está más allá de esta vida. La guerra civil estadounidense está directamente relacionada con el surgimiento del movimiento espiritista y la popularidad de los médiums, las sesiones de espiritismo y las fotografías de espíritus. Hans Holzer, Ed y Lorraine Warren, en la primera ola de celebridades paranormales, se hicieron ampliamente conocidos durante y justo después de la Guerra de Vietnam. Después del 11 de septiembre el interés por lo paranormal creó un entorno en el que *Ghost Hunters*, que comenzó a filmarse en 2003 y se estrenó en 2004, saltó a la fama al instante como el primer programa de televisión sobre realidad paranormal. Después de un trauma importante y generalizado las personas necesitan un cierre y buscan respuestas en cualquier lugar donde puedan encontrarlas.

A juzgar por lo que sucedió en el pasado, creo que aumentará el interés por lo paranormal cuando todo esto termine (espero que sea cuando estés leyendo este libro). Pero más que simplemente leer el trabajo de otras personas y buscar respuestas ahí, espero que tomes todas esas ideas, las mezcles en tu cabeza y agregues tus propios pensamientos. Y, luego, que salgas y encuentres tus propias respuestas, y desarrolles también tus propias teorías. Cada voz es tan válida como la siguiente en esta conversación sobre el más allá. Comenzó mucho antes que nosotros y continuará mucho después de que nos hayamos ido.

Ya comenzó, me doy cuenta en la forma en que más y más personas han comenzado a notar y hablar sobre posibles actividades paranormales en sus hogares. La gente me comenta a diestra y siniestra que está teniendo experiencias extrañas y, por primera vez, piensa que su casa podría estar embrujada.

Sin duda hay algo que decir cuando pasamos una mayor cantidad de tiempo en nuestros hogares. Hemos tenido muchas oportunidades de observar peculiaridades que antes estábamos demasiado ocupados o demasiado alborotados para notar.

Pero también creo que es posible que estemos provocando un aumento de esta actividad debido al miedo y la ansiedad generalizados que estamos experimentando durante la crisis del coronavirus. Para mí, lo que está sucediendo en este momento es casi como un experimento de intención masiva. Hay miles de millones de personas en este momento en un estado perpetuo de ansiedad y estrés, y toda esa energía se acumula. Las personas han muerto completamente solas. La gente ha perdido seres queridos y no ha podido reunirse con la familia para despedirlos. Los ancianos, aislados en residencias y centros de atención, no han podido ver a sus familias en lo que podrían ser los últimos meses de su vida. Otros, que trabajan en primera línea, han ido todos los días sabiendo que se están poniendo en riesgo a sí mismos y a sus familias, pero no tienen más remedio que hacerlo.

Las personas han perdido sus medios de subsistencia, lucharon para alimentar a sus familias, perdieron negocios en los que sacrificaron todo cuando los construyeron. Las personas que de repente se consideran «trabajadores esenciales» siguen ganando el salario mínimo, y sin el equipo de protección adecuado, para que podamos tener alimento y combustible. También hay gente atrapada en casa en situaciones de abuso, sin forma de salir de ahí.

Incluso si has tenido la suerte de estar a salvo y de poder quedarte en casa con un empleo estable, es probable que todavía hayas estado luchando contra el aislamiento y el miedo. En comparación con muchos otros, mi propia cuarentena ha sido relativamente fácil. Pero explicarle a mi hija por qué no puede ir a la escuela o ver a sus amigos y que no sabemos cuándo terminará, mientras trato de ser fuerte para ella cada vez que veo su pequeño corazón roto con otra mala noticia ha sido una de las cosas más difíciles por las que he pasado.

Lo que hemos estado atravesando no va a desaparecer una vez que se nos permita salir libremente de nuestros hogares y la sociedad se abra de nuevo. La vacuna, si llegamos a tener una para el coronavirus, no va a curar nuestros corazones. Todos estamos creando una cantidad mundial de energía negativa de todo este sufrimiento y lucha, no porque lo deseemos, sino porque estamos en una situación muy difícil y nos estamos sintiendo de una forma de la que tenemos todo el derecho a sentirnos. Creo que esto podría tener algo que ver con el aumento percibido de actividad en los hogares de las personas en comparación con la que ha habido en el pasado. Tal vez alguien lo esté percibiendo por primera vez, o tal vez alguien más tenga tuberías ruidosas que nunca antes había notado, o tal vez la energía en un hogar ha cambiado debido a cómo nos sentimos acerca de lo que estamos pasando, y eso está desencadenando que cosas raras sucedan.

No tengo ninguna respuesta. En este momento solo estoy tratando de mantener feliz a mi familia y hacer mi parte para elevar nuestro espíritu colectivo (el lector sabe a lo que me refiero) cuando puedo. Sin embargo, cuando todo esto termine, tengo mucha curiosidad por ver qué va a suceder. Creo que cambiará la forma en que pensamos sobre lo paranormal y definitivamente afectará lo que sucede con mi programa y mi trabajo en general.

Pero, sinceramente, eso es lo que más me gusta de mi empleo. Siempre hay otra conversación que sostener.

—Creo que las personas tienen hambre de cosas misteriosas —dijo Aaron Mahnke, creador del enormemente popular pódcast *Lore* que cuenta historias reales de lo inusual e inexplicable.

»Representan acertijos sin terminar, o agujeros que deben taparse, y nuestra mente y nuestra alma quiere llenar los vacíos. Ya sea un crimen real, una novela emocionante o el mundo de los fantasmas y las criaturas sobrenaturales, la gente siempre se ha sentido atraída por el misterio.

La primera vez que vi un fantasma quise saber qué era. Décadas y miles de encuentros con fantasmas después, mi reacción es exactamente la misma. Profundizar en lo desconocido es una pasión que siempre tendré, no solo porque me resulte interesante, no solo porque quiera resolver el caso, sino porque siempre hay algo más que saber, siempre hay una conversación permanente, siempre hay otra pieza del misterio por descubrir.

Agradecimientos

Este libro realmente se hizo con un pueblo. Tengo una increíble deuda de gratitud con mucha gente por hacer que esto sucediera, y no puedo decirles lo agradecida que estoy de tener a todas y cada una de estas personas en mi vida.

Adam Berry, mi socio en el crimen en la televisión, mejor amigo fuera de la pantalla. Nunca habría encontrado mi camino en este mundo paranormal si no hubieras estado a mi lado durante todo este tiempo. Hay una buena razón por la que siempre le dije a Charlotte que te llamara tío Adam. Tú y yo seremos como una familia siempre. Abrazos enormes a HusBen, también.

Greg y Dana Newkirk, su amistad y lealtad durante estos últimos años ha sido increíble. Estoy constantemente asombrada por sus ideas y revelaciones en este campo, sin mencionar su disposición a contestar el teléfono cada vez que llamaba para que opinaran sobre algunas partes de este libro. Gracias.

John Tenney, como tantos otros, nunca me canso de escuchar lo que está pasando en esa mente loca tuya. Hay una razón por la que apareces tanto en este texto, tus pensamientos e ideas se correspondían o me llevaban a muchas revelaciones sobre mis propias creencias y te agradezco por eso. Me inspiras constantemente.

Chip Coffey, has sido mi hombro para llorar más veces de las que puedo recordar. Si bien valoro nuestra relación de trabajo, nuestra amistad es una que atesoro más de lo que puedo describir aquí. Muchas gracias por tu invaluable guía en mi vida y por prestar tu voz a este trabajo.

Matt, Sarah y Becky, son mis hermanos salvajes. Básicamente fuimos criados por lobos, pero mírennos ahora. Los amo a todos más de lo que las palabras pueden decir. Su apoyo a lo largo de los años mientras navegaba por este camino extraño e inusual significa el mundo para mí.

Steve Gonsalves, Jason Hawes, Dave Tango, Kris Williams y Grant Wilson, mi equipo, mi banda original de *Ghost Hunters*. Nunca olvidaré que me dieron la bienvenida a su increíble mundo en los primeros días. Sé que hubo tiempos difíciles, pero ¿qué familia no tiene esos momentos? Cada uno de ustedes significa mucho para mí de diferentes maneras, y siempre serán mi familia del camino. Hemos llegado muy lejos a lo largo de los años y me encantan las veces que puedo reconectarme con todos y cada uno de ustedes.

Bill Stankey, mi mánager extraordinario, que siempre hace que las cosas sucedan cuando le presento proyectos locos. (¡Como este!).

Julie Tremaine, mi compañera nerd de Disney, amiga instantánea y la única persona en la que podía confiar para ayudarme a plasmar todas estas palabras e ideas en un libro.

Grand Central Publishing, en especial a Gretchen Young, gracias por apreciar mi espeluznante visión en esto y por convertirse en amigos tan increíbles a medida que estos capítulos tomaban forma.

A todos los que en el mundo paranormal han estado tan dispuestos a ayudarme a lo largo de los años: Dave Schrader, Britt Griffith, la familia Leimkuehler, Sarah Coombs, Loren Coleman, Aaron Mahnke, Jeff Belanger, Andrea Perron, Aaron Sagers, Karl Pfeiffer, Connor Randall, la tía Lizzie, la tía Roxi y todos mis amigos de Travel Channel y Paper Route Productions. Y por supuesto, todos a los «escapistas» que vuelven una y otra vez.

Por último, a todos los que leen esto. Fanáticos, espectadores, seguidores de las redes sociales, todos me han ayudado a crecer a lo largo de los años y se han quedado conmigo en este viaje tan mágico. Gracias.